당신의 운명을 바꾸고 싶다면

1년만
공부에
미쳐라

1년만 공부에
미쳐라

초판 1쇄 발행 | 2017년 1월 25일
초판 2쇄 발행 | 2017년 2월 25일

지은이 | 강상구
펴낸이 | 박영욱
펴낸곳 | (주)북오션

편 집 | 허현자
마케팅 | 최석진
표지 및 본문 디자인 | 서정희 · 민영선

주 소 | 서울시 마포구 서교동 468-2
이메일 | bookrose@naver.com
페이스북 | facebook.com/bookocean21
블로그 | blog.naver.com/bookocean
전 화 | 편집문의: 02-325-9172   영업문의: 02-322-6709
팩 스 | 02-3143-3964

출판신고번호 | 제313-2007-000197호

ISBN 978-89-6799-317-7(03320)

당신의 운명을 바꾸고 싶다면

1년 만 공부에 미쳐라

강상구 지음

북오션

가만히 있으면 뒤처진다

루이스 캐럴의 소설 《거울 나라의 앨리스》를 보면 붉은 여왕이 앨리스에게 말한다.

"제자리에 있고 싶으면 죽어라 뛰어야 해."

붉은 여왕이 다스리는 세계에서는 내가 움직이면 주변 물체도 같이 움직인다. 그래서 끊임없이 움직이고 달려야 앞으로 나아갈 수 있다.

이 '붉은 여왕 가설'은 가만히 있으면 뒤처진다는 의미의 관용구로 사용된다. 우리는 지금 붉은 여왕이 지배하는 세계에 살고 있다. 끊임없이 진보하지 않으면 현상을 유지하는 게 아니라 뒤처진다. 우리 인간이 진보하는 방법은 공부밖에 없다. 끊임없이 공부하지 않으면 뒤처진다. 공부를 해서 조금 더 나은 '나'가 되지 않으면 안 된다는 말이다.

얼마나 많은 사람들이 공부하지 않으려는 핑계를 만들어내는지 생각해보자. 나이가 많아서, 시간이 없어서, 머리가 나빠서, 해야 할 이유가 없어서, 기타 등등 사람마다 다양한 핑계가 있지만 이들의 말을 종합해보면 "난 이제 뒤처진 인생을 살 거야"라고 선언하는 것이나 마찬가지다.

나이가 많아서 공부를 안 한다면 어쩌란 말인가? 시간이 지나면 나이가 어려지기라도 한다는 말인가? 시간이 없다고? 그럼 지구의 자전이 느려져서 하루가 26시간이 되기를 기도해야 한다는 말인가? 머리가 나쁘다고? 그러니까 남들보다 더 공부해야 한다. 해야 할 이유가 없다고? 핑계를 만들 듯이 이유를 만들어내면 된다(그 이유를 동기라고 하는데 동기를 만들어내는 방법은 이 책 1장에서 자세히 다룰 것이다).

공부는 필연이기 때문에 필자는 전작 《1년만 미쳐라》를 통해 1년간만 공부에 미쳐보라고 목소리를 높였었고, 많은 독자 여러분이 호응을 해주셨다. 그런데 그 책이 출간된 이후에도 아쉬움은 있었다. 공부하라는 주장은 펼쳤지만 '어떻게' 공부하면 되는지를 말해주지 않은 것이 마음에 걸렸다.

물론 공부는 어떤 목적을 가지고 하느냐에 따라서 방법이 모두 다르다. 수험생을 위한 방법이 있고, 고시생을 위한 방법이 있고,

직장인을 위한 방법이 있다. 한 권의 책에서 그 모든 공부 방법을 알려줄 수는 없다. 그러나 공부를 하는 마음가짐과 원리는 모두 동일하다. 좀 더 발전된 '나'가 되기 위해 계획을 세워서 실행하고, 재확인하고, 다시 진행하고, 결과를 확인하면 된다.

필자는 이런 구체적인 방법을 요약해서 'CRAZY 실천법'을 만들었다. CRAZY는 뜻 그대로 미치라는 의미를 전제로 한다. 그리고 그 각 글자마다 뜻을 내포하고 있다.

C는 Create motivation의 앞글자다. 공부를 하는 가장 큰 힘은 동기를 만드는 것이다. 그러나 공부를 할 동기는 저절로 만들어지지 않는다. 그러므로 동기를 창조(Create)해야 한다. 없는 것도 만들라는 말이다.

R은 Recognize your role의 앞글자다. 공부를 하겠다는 마음이 들었다고 해서 무작정 공부를 시작할 수 있는 게 아니다. 어떤 공부가 필요한지, 사회에서 자신에게 요구하는 바가 무엇인지를 인지(Recognize)해서 계획을 세워야 한다.

A는 Act like a solider의 앞글자다. 계획을 세웠다면 명령을 받은 군인처럼 바로 실행(Act)하라는 뜻이다. 공부를 못하는 사람은 온종일 계획만 세우다가 끝난다. 계획은 앞서 말했듯이 자신의 역할을 인지하는 정도로 충분하다. 이제 바로 공부로 접어들어야 한다.

Z는 Zero in your rifle의 앞글자다. 군대를 다녀온 사람이면 모

두 알 것이다. 영점을 잡지 않은 총으로 백날 쏴봐야 소용없다. 어느 정도 공부를 진행하다 보면 초점을 잃고 다른 길로 가게 된다. 그때 초점을 잡고(Zero) 다시 정진해야 한다.

Y는 Year theory의 앞글자다. 이 부분은 왜 하필 1년간 미쳐보라고 하는지 당위성을 설명해줄 것이다. 1년은 동기를 창조하고 계획을 세워서, 실행을 하다가, 초심을 돌아볼 가장 합당한 기간이기 때문이다. 이렇듯 각 글자의 의미를 새기면서 좀 더 '발전될 나'를 믿으면 분명히 좋은 결과가 있을 것이다.

《내가 공부하는 이유》의 저자 사이토 다카시는 "공부하는 인생을 살기로 마음먹었다면, 노력하는 힘을 의심하지 말고 믿어보라"라고 말했다. 나는 이 말을 조금만 틀어서 말해야겠다.

"뒤처진 인생을 살고 싶지 않으면, CRAZY하게 1년만 미쳐봐라. 의심하지 말고"

2017년 1월

강상구

이 책은 냉정한 책이다. 근거 없는 용기를 주는 책이 아니다. 필자인 나는 "마음만 먹으면 뭐든지 할 수 있어"라고 말하는 사기꾼이 되고 싶지 않다. 만약 이룰 수 없는 꿈을 가지고 있기에 공부하기 싫다면 그 꿈은 당장 내다버려라. 그리고 노력하면 '이룰 수 있는 꿈'으로 바꿔라.

Part 1

동기를 창조하라

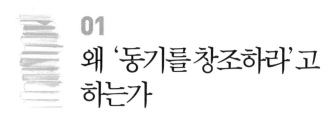

01
왜 '동기를 창조하라'고
하는가

'동기'란 어떤 일을 시작하도록 하는 원동력이다. 만약 동기가 필요에 의해서 저절로 생긴다면 아무 걱정할 필요가 없다. 누구나 이미 공부를 하고 있을 것이기 때문이다. 동기만 있다면 이 책을 펼쳐보지도 않았을 것이고, CRAZY 실천법도 필요 없을 것이다.

그나마 '공부를 하기는 해야 하는데 어떻게 해야 하지?' 하고 생각한 사람은 나은 편이고, '왜 공부해야 하지?' 하고 회의감에 빠진 사람이 많을 것이다. 동기는 절대 자연스럽게 생겨나지 않는다. 특히 미치도록 공부할 정도의 동기는 더욱 그렇다.

그래서 나는 '창조'라는 말을 사용한다. 창조란 개선, 혁신과는 다른 뜻이다. 창조란 없는 것에서부터 무언가를 만들어내는 것이다. 즉 CRAZY 실천법에서 말하는 동기 창조란 어디엔가 있는 동기를 찾으란 말이 아니라 스스로 만들라는 말이다. 스스로 만들든 어디서 찾아내든, 혹은 우연히 그 '동기'라는 것이 생기면 사람은 미친다.

동기도 필요해야 생기는 것 아닌가요?

맞다. 공부를 하려면 동기가 필요한데, 그 동기도 필요해야 생긴다. 그러니까 첫 단계는 공부할 필요가 있는지를 곰곰이 생각해보는 것이다. 다음 사례를 보자.

정년이 얼마 남지 않은 정 씨는 어느 날 청천벽력 같은 소리를 들었다. 중동 현장으로 돌아가라는 말이었다. 그동안 중동 건설 현장을 뛰어다녔기에 은퇴는 국내에서 조용히 맞고 싶었다. 그래서 국내 근무를 지원해 잘 지내고 있었다. 그런데 중동 현장으로 돌아가라는 회사의 발령이 떨어진 것이다. 이 나이에 다시 해외로 나가라는 말은 알아서 그만두라는 말인가 하는 생각에 회사에 섭섭함도 느꼈다. 하지만 그는 받아들이기로 하고 현장으로 다시 나갔다.

정 씨의 해외 업무는 그리 바쁘지 않았다. 혼자 있는 시간이 많을 정도였고, 어느 정도 시간을 보내다가 국내로 돌아와 은퇴만 하면 되겠다는 생각도 들었다. 그는 은퇴 후의 삶을 그려보았다. 은퇴 자금으로 조그만 가게를 할까도 생각했다. 하지만 할 줄 아는 게 회사일밖에 없다는 사실을 깨달았고, 이렇게 허송세월을 보내면 안 되겠다는 생각이 들었다.

지금까지 해외 현장에서 근무를 많이 했지만 정 씨는 그곳의 언어를 몰랐다. 굳이 알고 싶지도 않았다. 건설 쪽 지식만 있으면 된다고 생각했다. 한국으로 돌아갈 것이라는 생각을 더 많이 했던 것도 같다. 그러나 이제는 기왕 현장에 있는 김에, 그리고 시간도 있으니 현지어를 배우자고 결심했다. 앞으로 중동 사정도 잘 알고 그 나라 언어까지 할 줄 알면 은퇴 후에 개인 사업을 하더라도 큰 도움이 될 것 같았다.

정 씨는 퇴근 후 숙소로 돌아오면 아랍어를 공부했다. 가끔 밖으로 나가 그 나라 사람들에게 말을 걸어보기도 했다. 현장에서 일할 때도 가능한 아랍어로 말하려고 노력했다. 공부한 내용을 현지인들이 알아듣는 것을 보니 신이 나 더 열심히 공부했다. 그러다 보니 발주처 엔지니어와 회의할 때 통역을 거치지 않고 직접 말할 수 있게 되었다. 엔지니어들이 그의 말을 듣고는 자기 나라 말을 잘한다며 박수를 치며 좋아했다.

혼자 있을 때도 아랍어를 중얼거리고 문장을 외우며 시간을 보냈다. 아랍어로 된 잡지를 읽었고, 숙소에서 아랍 방송을 보았다. 다 알아듣지는 못했지만 무슨 말을 하고 있는지는 알 수 있었다. 모르는 것은 표시해두었다가 다음날 통역에게 물어보았다. 직원들의 시선은 곱지 않았다. 노인네가 지금 그 말을 배워 어디에 써먹을 것이냐며 수군거리기도 했다. 그래도 1년간 미친 듯이 아랍어 공부에 몰두하다 보니 현지인 같다는 소리를 들을 정도로 제대로 아랍어를 구사하게 되었다.

정 씨가 귀국할 때 발주처에 작별 인사를 하러 갔다. 발주처에서는 그가 없으면 공사를 마무리하기 힘들다며 귀국을 말렸다. 곧 2차 발주도 할 예정이라며 그가 꼭 있어야 한다고 말했다. 이 소식이 본사에 전해졌고, 보고를 받은 사장은 그를 2차 공사 수주 책임자인 임원으로 승진시켰다. 1년간 직장 생활의 마지막 불꽃을 태운 그에게 또 다른 기회가 주어진 것이다.

정 씨는 왜 그렇게 공부했을까?

첫째, 그는 더 나은 사람이 되려고 했다. 그냥 시간만 보내도 될 만한 위치에 있었지만 은퇴하기 전에 지금보다 더 나은 사람이 되려고 결심했다. 발전된 나를 꿈꾸는 사고방식은 공부를 하는 매우 중요한 동기가 됐다.

둘째, 그는 절박함을 느꼈다. 정 씨는 은퇴를 얼마 안 남기고서야 비로소 공부를 해야겠다는 생각을 했다. 이전에도 수많은 기회가 있었지만 그때는 공부에 대한 마음이 생기지 않았다. 아마 일찍부터 공부하겠다는 마음을 먹었다면 언어를 더 잘 구사할 수 있게 되었을 것이다. 그런데 그렇게 하지 않은 이유는 마음속에 절박함이 없었기 때문이었다. 인간이 무엇인가를 하려고 마음먹는 가장 큰 동기는 합리적이지 못하게도 '절박함'이다.

이 두 가지 동기는 사람이 공부를 하게 되는 매우 중요한 요소다. 그런데 이 사례에서 내가 말하고 싶은 것은 따로 있다. 그건 바로 '동기의 동기'다. 정 씨는 여유 있는 시간에 앞으로의 인생을 생각했다. 그런 여유가 바로 '동기의 동기'가 된다. 동기가 없다면 남은 인생을 어떻게 살 것인지 생각하라.

CRAZY. 왜 동기가 필요한지 생각하라!

| 저는 지금 그렇게 생각하고 있을 여유가 없는데요

혹시 지금 미치도록 바쁘게 살고 있는가? 그래서 1년간 미치라는 내 말에 동의할 수 없는가? 그렇다면 다행이다.

바쁘게 일하고 있어서 다행이라는 것이 아니다. 그렇게 바쁜 와

중에도 이 책을 읽으면서 1년간 미치라는 말이 필요 없다고 생각할 '여유'가 있다는 뜻이기 때문이다. 그 정도 여유를 낼 수 있으면 된다. 모든 창조에는 여유가 필요하다.

지금 바쁘게 살아가는 것도 중요하고 필요하겠지만 더 위대한 나를 만들고 싶다면, 더 나은 미래를 믿는다면 잠시라도 틈을 내서 인생을 생각해야 한다.

오지 여행가로 유명한 한비야 씨는 대학생 때 등록금을 낼 수 없을 정도로 형편이 안 좋았다. 이를 악물고 공부를 하다가 국제 홍보 회사에 들어갔다. 홍보 회사에서 그녀는 가난을 해소하기에 충분한 돈을 벌 기회가 있었다. 하지만 걸어서 세계 여행을 하겠다는 스스로의 결심을 지키려고 오지 여행을 떠났다. 7년간 오지 여행을 하며 그녀는 드디어 가슴 뛰는 일을 찾았다. 국제 자선단체의 구호팀장이 된 것이다.

그녀는 자신의 저서인 《지도 밖으로 행군하라》에서 한 대학생이 "재미있는 세계 여행이나 계속하지, 왜 힘든 긴급구호 일을 하세요?"라고 물어본 적이 있다고 밝혔다. 한비야 씨는 이렇게 대답했다고 한다.

"이 일이 내 가슴을 뛰게 하고, 내 피를 끓게 만들기 때문이죠."

책에서 그녀는 여행 중에 링거 한 병이 없어서 죽어가는 아이들을 본 경험이 구호 전문가로 이끌었다고 하지만 나는 조금 다르게 판단한다. '가슴이 뛰는 일'로 이끈 동기가 생긴 이유는 바로 여행이라는 속성 자체에 있다. 누군가는 그 시간을 외로움이라고 말하지만, 혼자 떠나는 여행은 그 속성상 스스로를 돌아보게 할 만큼의 여유를 제공한다. 내일 반드시 해야 할 일이 없는 여행 기간에 혼자 잠자리에 누워 있으면 오히려 현실의 냉정함을 깨닫게 된다. '지금은 여행을 하고 있지만 앞으로는 무엇을 하고 살까?' 같은 생각을 아주 깊게 하게 된다. 그러다 문득 깨닫는다. '아, 이런 것을 해야겠구나.'

2013년에 방영된 다큐멘터리 〈공부하는 인간〉에서는 이스라엘 학생의 군 복무기간이 언급된다. 우리나라와 이스라엘은 모두 징병제를 실시하고 있다. 다른 점이 있다면 우리나라는 군대를 가야 할 시기가 나름 유연한 데 비해 이스라엘은 18세에서 20세 사이에 반드시 가야 하고 여성도 입대한다. 여기에 중요한 차이점이 있다고 이 다큐멘터리에서는 이야기한다.

우리나라는 고등학교를 졸업하자마자 대입 시험을 본다. 그래서 중간에 생각할 여유 없이 대학에 가서 고등학교 때처럼 공부한다. 즉 시험을 보는 데 적합한 방식으로 공부를 계속한다. 반면 이스라엘 학생들은 고등학교를 졸업하고 곧장 군대를 간다. 3년의 복무 기간(여자는 2년)을 마친 후 대학에 갈지 아니면 사회에 바로 진출할지를 결정한다. 중간에 시간 공백이 있기에 고등학교에서 입시 위주의 공부를 시키지 않는다. 좀 더 여유 있게 창의력이 필요한 토론 중심의 공부를 시킨다.

고등학교와 대학교 입학 사이의 공백기가 이스라엘의 경쟁력을 만들었다. 공백기 중 이스라엘의 젊은이들은 '인생'을 생각한다. 이스라엘은 우리나라보다 대학 입학률이 매우 낮다. 그럼에도 성과는 매우 높다. 이들은 대학교를 정말로 '공부하려고' 가기 때문이다. 가야 하니까 가는 게 아니라, 군생활을 하면서 정말로 공부해야 할 이유가 생기면 그제야 대학 갈 준비를 한다. 동기를 만들 여유가 있는 것이다.

그렇다고 동기를 만들려고 긴 여행을 가거나 군대를 가야 한다는 이야기는 아니다. 잠시 브레이크를 밟아서 인생을 돌아보라는 말이다. 그러면 동기라는 것이 스멀스멀 기어나온다.

│ 더 구체적으로 동기를 만드는 방법이 있나요?

모든 사람이 앞으로의 인생을 생각하기 위해 여행을 떠날 수 있는 여유가 있는 것은 아니다. 매우 퍽퍽한 생활을 하는 사람도 많다. 여행도 많은 준비가 필요한 활동이다. 계획을 세워야 하고 자금도 마련해야 한다. 그래서 내가 추천하는 방법은 사흘간 아무것도 하지 않는 것이다. 원래 아무것도 하지 않았던 사람이더라도 더 격렬하게 아무것도 하지 않겠다고 생각하라. 아무것도 하지 않겠다고 생각하고 자신을 남 보듯 바라보라.

그렇게 객관적으로 자신을 보면 알게 모르게 많은 활동을 하고 있었음을 깨닫게 된다. 자신도 모르게 스마트폰으로 손을 뻗었다면 내려놓아라. 텔레비전을 보고 있었다면 텔레비전을 꺼라. 친구도 만나지 마라. 식생활과 생리활동만 하겠다고 생각하고 하루를 보내라. 빈둥거리면서, 인생 같은 것을 생각하지 않겠다고 다짐하며 보내라.

하루 정도는 어떻게든 보낼 수 있을 것이다. 그러나 이틀째부터는 슬슬 걱정이 들기 시작한다. 자꾸만 뭔가 해야겠다는 생각이 들고, 새삼 자신이 쓸데없는 활동들을 하며 많은 시간을 보냈었다는 걸 깨달을 것이다. 사흘째는 뭔가 미치도록 하고 싶을 것이다. 아무 것도 안 하느니 나가서 땅이라고 파고 싶을 것이다. 그래도 참아야 한다. 그리고 생각해야 한다. 그 미치도록 뭔가 하고 싶은 마음을 어디에 써야 할지를 말이다. 그리고 결론이 났으면 그것을 하라. 아마도 그것은 공부일 것이다.

사흘을 온전히 자신에게 쓸 시간이 없다면 하루 20분만이라도 자기 자신에게 사용하자. 스마트폰은 꺼두고 술도 마시지 말고 혼자 있을 만한 곳을 찾자. 많은 시간도 아니고 하루 20분이면 충분하다. 그렇게 삶이라는 목표에만 집중하는 내면의 여행을 떠나자.

한비야 씨는 매일 스스로에게 질문한다고 한다.

"무엇이 나를 움직이는가? 가벼운 바람에도 성난 불꽃처럼 타오르는 내 열정의 정체는 무엇인가? 이미 소진했을지라도 마지막 남은 에너지를 기꺼이 쏟고 싶은 그 일은 무엇인가?"

한비야 씨처럼 자신에게 질문하라.

'어떻게 살 것인가?'

일주일만, 단 하루도 빼놓지 않고 매일 20분만 한 가지 생각을 붙들고 늘어지면 답이 나온다. 어느 순간 하고 싶은 일이 생길 것이다. 그 순간이 생각 여행을 중단할 시기다. 그 뭔지 알 수 없는 마음을 간직하자. 그 마음이 '동기'다.

> **CRAZY.** 동기가 생길 때까지 매일 스스로에게 질문하라.

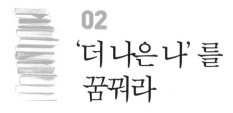

02
'더 나은 나'를 꿈꿔라

| 공부에는 뚜렷한 목표가 있어야 하지 않나요?

이제 어렴풋이 동기가 있어야 한다는 것은 이해했을 것이다. 그런데 문득 이런 생각이 들 것이다.

'공부란 뭔가 목표가 있어야 하는 것 아닌가? 난 그저 뭐라도 하고 싶은 의욕만 있을 뿐이고 특별한 목표가 없는데…….'

이런 생각까지 들었다면 많이 발전한 것이다. 스스로 공부할 이유를 찾기 시작했기 때문이다. '공부할 이유를 찾는 과정도 공부다'라는 말은 아이러니하지만 사실이다.

목표를 찾는 가장 좋은 방법은 역시 생각이다. 요즘은 뭐든지 빨리 결정을 내야 하는 시대라, 치열하게 생각하는 능력이 줄어들었다. 게임도 그렇다. 예전 게임과 현대의 게임을 비교해보면 심사숙고하는 능력은 줄어들고 점점 즉각적으로 판단해야 하는 능력이 강조되고 있다.

수십 년 전만 해도 게임은 바둑 아니면 장기였다. 예전의 바둑 고수들은 하나의 수를 생각하려고 며칠 동안 계산했다. 생각 속에 답이 있다는 것을 알고 있었고, 그렇게 생각함으로써 답을 냈다.

그런데 최근 유행하고 있는 스마트폰 게임은 어떠한가? 심사숙고는커녕 본능적으로 뭔가를 피하고 부수기만 하면 된다. 이런 환경에서는 내면을 심사숙고하는 능력이 줄어들 수밖에 없다. 그러나 우리 인생은 몇 초면 승부가 나는 게임이 아니다. 그래서 인생을 걸고 1년을 투자하라는 이야기를 하는 것이다. 생각하고, 또 생각하자.

만약 공부해야 할 이유를 내면에서 찾지 못하겠다면 외부로 눈을 돌려보자. 가장 좋은 방법은 책을 읽는 것이다. 공부라는 주제를 가지고 책을 읽다 보면 저절로 공부가 된다는 장점은 차치하고, 책의 주제에 집중해보자.

공부할 이유를 말하는 책들은 대부분 '뚜렷한 목표'를 세우라고 말한다. 좀 이상한 기분이 들 것이다.

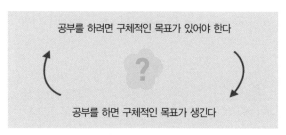

공부할 이유 찾기의 딜레마

공부를 하려면 구체적인 목표가 있어야 한다

?

공부를 하면 구체적인 목표가 생긴다

뭔가 계속 도돌이표처럼 반복되는 느낌이다. 이런 도돌이표가 생기는 이유는 '뚜렷한'이라는 말의 뜻을 오해했기 때문이다. 다음의 이야기를 읽고 이 주제를 좀 더 파고들어보자.

A 씨는 카레이서가 되겠다는 목표를 세웠다. 우연히 카레이서에 대한 영화를 봤는데 그 모습이 매우 멋졌기 때문이었다. 그때부터 A씨는 자동차에 대한 정보를 찾고, 게임도 자동차 게임만 하고, 운전면허도 1종은 물론 대형 면허까지 취득했다.

운전에 관해서라면 자신 있었다. 몇 개의 국내 레이싱 대회에도 참가해서 좋은 성적을 거뒀다. 그런데 A 씨가 정말로 원하던 목표는 F1 레이싱에 참가하는 것이다. 문제는, 국내에 F1은 물론 그 아래 단계인 F2나 F3에 참가하는 팀이 없다는 것이었다. A 씨는 해외로 눈을 돌릴 수밖에 없었다.

해외로 진출하려고 열심히 언어 공부에 매달린 A 씨는 그제야 자신이 언어에 소질이 없다는 것을 알았다. 카레이서가 되는데 언어가 길림돌이 될지는 몰랐다. 언어 연수에 들어갈 비용과 자신의 나이를 생각해본 A 씨는 F1 레이서가 되는 걸 포기하고 자동차 정비소에서 일하며 틈틈이 국내 레이싱 대회에 참가하고 있다.

B씨는 딱히 꿈이 없었다. 고등학생 시절엔 무엇을 하겠다는 뚜렷한 목표는 없었지만 그저 공부는 했다. 무엇이 됐든 공부를 해두면 발목 잡히는 일은 없을 것이란 막연한 생각 때문이었다. 그래서 작은 목표만 세웠다. 2개월 후에 있을 모의고사에서 성적을 올리겠다는 식의 단순한 목표였다.

그러다가 자신이 언어나 문학 영역보다 공학 영역 쪽 성적이 훨씬 좋다는 것을 발견했다. 공학 분야가 적성에도 맞는 것 같았다. 특히 자동차 공학이 재미있어서 대학도 자동차 공학을 목표로 공부했다.

언어 쪽은 약했지만 워낙 공학 쪽 기반이 튼튼해서 대학에 합격했다. 자동차 설계를 해보고 싶다는 목표는 아직 이루지 못했지만, 자동차 정비소에서 일하며 시간이 날 때마다 설계를 해보고 있다. 설계 공부가 정비 업무에도 많은 도움을 주기 때문에 일석이조의 효과까지 보면서 말이다.

A 씨와 B 씨는 남들의 눈에는 비슷한 인생을 살고 있다. 그러나 B 씨가 좀 더 현실적이고 만족도가 조금 더 높은 인생을 살고 있을

것이라 추측할 수 있다. 분명 책에서는 뚜렷한 목표를 가지라고 했는데, 뚜렷한 목표가 있던 A 씨보다 되는 대로 살아온 것 같은 B 씨가 더 행복한 인생을 살다니, 참으로 아이러니한 일이다.

여기서 사람들이 오해한 '뚜렷한'이라는 말의 실체가 드러난다. '뚜렷한 목표'는 구체적인 직업을 설정하라는 말이 아니다. '뚜렷한 목표의식'을 말하는 것이다. 공부를 하면 '현재의 나'가 '더욱 나아진 나'가 된다는 것을 확실히 믿으라는 말이다.

사람은 누구나 발전하는 삶을 원한다. 지금 상태로 머무르고 싶지 않은 것이 본능이다. 아무것도 하지 않고 가만히 있는데 발전하는 것은 없다. 들판에 자라는 풀을 보면 그냥 가만히 놔두어도 자라는 것처럼 보이지만, 식물의 푸름은 척박한 땅에서 조금이라도 더 자양분을 먹으려고 뿌리를 뻗은 결과다.

인간은 특히 이 본능이 고도로 발달한 존재다. 본능적으로 인간은 진보하려 했다. 20만 년 전 최초의 인류가 아프리카에 등장한 이후로 인간은 끊임없이 앞으로 나아가려 했고, 더 나은 사람이 되려고 노력했다. 그래서 인간은 유럽 대륙과 아시아 대륙, 아메리카 대륙으로 뻗어나갔고 문명을 발전시켰다.

'더 나은 나'가 되겠다는 본능을 믿고 확실히 따르는 것이 '목표의식'이다. 구체적인 직업관 같은 게 없다고 공부할 수 없는 것이 아니다. '더 나은 나'를 만드는 것이 공부다. 그러므로 공부란 구체적이지 않더라도 목표를 향해 나아가는 과정인 것이다.

'더 나은 나'의 앞길에는 '더 나은 가능성'이 펼쳐진다. 뚜렷한 목표란 '너 나은 나'가 될 것이라는 믿음이다.

CRAZY. 미래의 나는 공부로만 만들어진다.

원대한 꿈이 없는데도 공부해야 하나요?

꿈이란 크기의 차이는 있을지언정 보통 사람이라면 누구나 가지고 있는 것이다. 만일 꿈이 없다고 말한다면 자신의 내면에서 꿈틀거리는 꿈을 발견하지 못했거나, 대답하기 싫거나, 혹은 말하기 창피한 꿈인 것이다. 진실로 꿈이 없다면 그 사람은 영혼이 없는 인형이나 마찬가지다.

꿈은 사람의 수만큼이나 다양하다. 우주의 원리를 찾는 사람이 있는가 하면, 발등에 떨어진 현실의 고민을 해결하고자 하는 사람도 있다. 사랑을 꿈꾸는 사람이 있는가 하면, 돈, 권력, 직업, 리더십, 영향력, 승진, 인기 등을 꿈꾸는 사람도 있다.

그런데 모두가 꾸면서도 숨기는 꿈이 있다. 바로 돈이다. 누구나 돈을 벌기를 원한다. 많이 벌기를 원하는 사람과 '적당히' 벌기를 원하는 사람으로 나뉠 뿐이다. 돈이 아예 없기를 원하는 사람은 없다.

작가가 되기를 원하는 사람이 있다고 치자. 그 사람에게 꿈이 무엇이냐고 물어보면 "세상 사람들에게 아름다운 이야기를 들려주고 싶어요"라고 대답할 것이다. 이 말은 틀렸다. 세상 사람들에게 아름다운 이야기를 들려주고 싶으면 그렇게 하면 된다. 그러면 이 사람의 꿈은 쉽게 이루어진다. 그런데 무엇이 문제일까? 다음에 따라올 질문은 이것이다.

"그러면 어떻게 먹고살아요?"

먹고사는 문제만 해결된다면 모든 사람이 꿈을 이룰 수 있다. 모든 사람의 꿈은 이렇게 정리할 수 있다. "○○○를 해서 돈을 벌고 싶어요" 원대한 꿈도 결국 "○○○를 해서 돈을 벌고 싶어요"로 귀결된다. 잔인하지만 사실이다.

우리는 공부란 거룩한 것이고, 돈을 버는 행위는 저급한 일이라는 편견에 사로잡혀 있다. 그래서 돈을 벌기 위해 공부한다고 말하기를 꺼려한다. 현재 우리는 좋든 싫든 자본주의 사회에서 살고 있다. 자본주의 사회는 자본이라는 재화를 중심으로 돌아간다. 돈과 직업은 궁극적인 꿈을 향해 가는 중간 단계이고, 그 중간 단계를 달성하기 위해 공부하는 것을 나쁘다고 말할 수 없다. 돈이 수단이듯 공부도 수단이다. 원대한 꿈이 있어야만 공부하는 것이 아니다. 어떠한 꿈이 있더라도 그 수단으로서 공부를 이용하는 것이다. 공부해야 돈을 벌고 꿈을 이룬다는 사실을 잊지 말자.

CRAZY. 공부는 도구일 뿐이다.

예를 들어, 일반인은 주식 거래 자체를 꿈으로 설정하지 않는다. 하지만 주식 거래를 직업으로 택한 사람의 머릿속에서는 이런 과정이 일어난다.

주식 거래 → 많은 돈 → 아직 정하지 않은 꿈을 이룸

주식 거래는 돈이라는 수단을 마련하는 도구다. 가전제품이나 컴퓨터 프로그램을 사용하려면 매뉴얼이 있어야 하듯이 도구를 사용하려면 매뉴얼을 읽어야 한다. 주식으로 부자가 되고 싶다면 주식 거래에 대한 매뉴얼을 읽어야 한다. 이것이 공부다.

주식이 단지 운이라고 믿는 사람은 영원히 초보다. 10년간 주식 매매를 해도 초보인 사람이 있는가 하면 1년만 해도 고수가 되는 사람이 있다. 주식을 꿈을 향해 가는 도구라고 생각하고 공부하는 사람은 고수가 된다. '미친 듯이' 공부하기 때문이다.

주식 거래를 공부한다고 하면 다들 이상한 눈으로 쳐다본다. 일확천금을 노리는 사람이라는 인식이 강하다. 그러나 진정으로 공부하는 사람이 주변에 있다면 비웃지 마라. 그 사람은 남들이 비웃는 꿈을 가지고 있다 하더라도 공부라는 도구를 이용해 한 발짝 앞서 가는 사람이다.

세상에 원대한 꿈이란 없다. 공부란 거룩하지도 않다. 각자의 꿈이 있을 뿐이고, 그 꿈을 이루는 각자의 도구가 있을 뿐이다. 오늘부터 공부하지 않을 이유가 하나도 없다.

난 꿈이 너무 큰데, 어쩌죠?

공부하고 싶은 마음이 들지 않는 이유가 "꿈을 이룰 수 없을 것 같아서"라고 대답하는 사람도 있다. 이솝우화에서 여우가 '저 포도는 신 포도일 거야'라며 아무 노력도 하지 않는 것과 같은 꼴이다. 먼저 질문에 답부터 하겠다. 이룰 수 없는 꿈은 꿈이 아니다. 집어 던져라.

이 책은 냉정한 책이다. 근거 없는 용기를 주는 책이 아니다. 필자인 나는 "마음만 먹으면 뭐든지 할 수 있어"라고 말하는 사기꾼이 되고 싶지 않다. 만약 이룰 수 없는 꿈을 가지고 있기에 공부하기 싫다면 그 꿈은 당장 내다버려라. 그리고 노력하면 '이룰 수 있는 꿈'으로 바꿔라(이룰 수 있는 꿈을 설정하는 방법은 2장에서 조금 더 자세히 다룬다).

꿈을 찾아가는 길은 여러 갈래다. 직선 코스가 있는가 하면 우회

코스도 있다. 처음으로 돌아가 다시 출발해야 하는 코스도 있다. 앞이 막혀 돌아가야 할 코스도 있다. 그러니 일단 꿈을 향해 공부하다가 아니다 싶으면 꿈을 바꿔서 계속 노력하는 것도 한 방법이다. 공부해서 이룰 수 있는 꿈이라면 무엇이든 좋다. 방향은 바뀌겠지만 결국 그 길의 끝에서 '더 나은 나'를 발견할 것이다.

대부분의 사람들은 공부하지 않으면 다른 길이 있다는 것을 깨닫지 못한다. 오직 하나의 길만 있다고 생각하며 주위를 둘러보지 않는다. 엉뚱한 길을 제대로 된 길로 착각한다. 잘못된 길인 줄 알게 되어도 그 길을 빠져나오지 못한다. 그러나 공부를 하면 길을 잘못 들었음을 깨닫고 그 길 대신 다른 올바른 길을 찾아 나선다. 내 이야기를 해보겠다.

직장을 다니던 필자는 40대 후반에 독립을 결심하고 할 수 있는 일을 찾아보았다. 학원, 식당, 독서실, 제과점, 슈퍼마켓, 공인중개사 등을 운영하는 선배들을 찾아가서 내 결심을 말했다. 돌아온 대답은 "새로운 일을 찾는 건 힘들다"는 것뿐이었다. 무엇을 하든 진입장벽이 있는데, 공들여 진입장벽을 뚫어도 이미 자리 잡은 프로들과 경쟁해야 한다면서 "지금 하고 있는 일 중에서 길을 찾아보라"고 충고했다.

선배들의 충고를 받아들여 현재 내가 하는 일과 잘할 수 있는 일을 정리해보았다. 나는 이전에 직원을 선발하고 평가하는 인사

업무와 교육의 니즈를 찾고 프로그램을 개발하는 교육 업무를 경험했고, 최근에는 경영 혁신을 추진하는 변화 관리 업무를 해봤다. 세 가지 일 중에서 무엇을 할 것인지 장고에 들어갔다. 그리고 가장 먼저 변화 관리를 공부하기 시작했다. 목표를 정하고 공부하니 공부가 즐거웠다. 변화 관리의 의미가 새롭게 다가왔다. 책장에 책이 쌓여갈수록 학자가 된 듯한 기분이 들었다.

공부하면서 마음속에 들어오는 문구가 있었다.

'자신을 알리는 가장 좋은 마케팅 방법은 자신의 지식을 정리해서 책으로 발간하는 것이다.'

나는 곧바로 책을 쓰기로 결심하고는 직장 생활을 하면서 쌓아온 노하우를 정리해나갔다. 책을 쓰는 기한을 1년으로 잡고, 잠자는 시간을 제외한 나머지 시간에는 자료를 찾거나 글을 썼다. 당시까지 책을 낸다는 건 나를 알리는 하나의 도구에 불과했다.

외출할 때도 PC를 가지고 다녔다. 인터넷 연결 장치를 구입하여 어디서든 글을 쓸 수 있도록 했다. 집에서는 집중이 되지 않아 혼자 오피스텔에 입주해서 침식을 해결하며 글을 쓰기도 했다. 1년 후, 거짓말처럼 《성공하는 3가지 습관과 변화관리》라는 책이 나왔다. 다행히 그 책은 국내 4대 경제 신문에 소개되었고, 더불어 '강상구'라는 내 이름도 알려졌다.

나는 책을 발간하면서 변화관리연구소를 열었다. 홈페이지를 만들어 계속 글을 올렸다. 그 후로 강의와 원고 청탁이 오기 시작했다. 급기야는 〈전자신문〉에 '강상구의 성공 칼럼'이라는 제목으로 2년간 글을 기고하는 행운을 얻기도 했다. 그리고 매년 한 권의 변화 관련 책을 발간하는 것을 꿈이자 목표로 정하고 꾸준히 책을 내는 자기계발 전문 저술가가 되었다.

내가 만약 독립해서 새로운 일을 하겠다는 꿈에만 매달렸다면 지금 나는 자기계발 전문 저술가가 될 수 있었을까? 아마 아닐 것이다. 선배의 말을 듣고 내가 할 수 있는 일을 찾았고, 그에 대한 공부를 했다. 그다음은 책을 출간하려고 1년간 미친 듯이 공부했다. 결국 책을 출간하고 나서 내 꿈은 '1년에 한 권씩 책을 출간하는 자기계발 전문 저술가'로 바뀌었다. 나는 지금도 그 꿈을 이루려고 공부하고 있다.

> **CRAZY.** 이룰 수 있는 꿈을 계속 탐색하라.

공부를 하면 미래가 보이나요?

미래는 예측할 수 없다. 하지만 어떤 시각으로 미래를 바라보느냐에 따라서 미래는 바뀐다. 페이팔의 CEO였으며 현재는 벤처캐피털 회사를 운영하고 있는 피터 틸(Peter Thiel)은 미래를 바라보는 시각에는 4가지가 있다고 말한다.

① 불명확한 비관주의 : 미래가 암울할 것이라고 예상한다. 그래
서 뭘 해야 할지 모른다.

② 명확한 비관주의 : 미래가 암울할 것이라고 예상한다. 그래서
준비해야 한다고 생각한다.

③ 명확한 낙관주의 : 미래가 더 좋아질 것이라고 예상한다. 그렇
게 하려면 준비해야 한다고 생각한다.

④ 불명확한 낙관주의 : 미래가 더 좋아질 것이라고 예상한다. 그
런데 자신이 무엇을 해야 하는지 모른다.

가장 좋은 시각은 '명확한 낙관주의'다. 그다음으로 좋은 것은
'명확한 비관주의'다. 미래가 비관적이든 낙관적이든 자신이 개입
해서 바꿀 수 있다고 믿기 때문이다. 이 세상은 대부분 명확한 낙관
주의자가 바꿨다.

오늘날 전 세계에서 가장 주목받고 있는 사업가인 일론 머스크
(Elon Musk)는 '십대 시절부터 긍정적이고 합리적으로 생각하는
사람이 많아진다면 세상은 더 나아질 것이다'라고 믿었다고 한다.
그리고 그렇게 만드는 수단은 인터넷, 환경 에너지, 우주 개발이라
고 판단했다.

일론 머스크는 그렇게 만들 사람이 자신이라는 것도 믿었다. 그

래서 인터넷 전화번호부 회사인 Zip2를 창업해서 실리콘밸리의 젊은 창업가로 이름을 떨치다가 인터넷 금융회사인 페이팔을 공동 창업(사실은 합병)해서 인터넷 사업으로 큰돈을 벌었다.

이미 수천억 원대의 재산을 가진 부자가 되었지만 그는 자신이 믿고 있는 미래에 그 돈을 과감하게 투자했다. 태양광발전 회사인 솔라시티와 전기 자동차 회사 테슬라모터스에 이어, 나사(NASA)에 로켓을 제공하는 민간 우주항공 회사 스페이스X를 창업한 것이다. 그는 지금도 우리가 살고 있는 세상을 바꾸고 있다.

일론 머스크는 정말 미친 듯이 공부하는 사람이다. 새로운 직원이 입사하면 그를 붙들고 집요하게 질문을 하는데, 새로운 직원이 가지고 있을 새로운 지식을 습득하고 싶기 때문이라고 한다. 미래를 낙관하고 자신을 믿기 때문에 1년이 아니라 평생 동안 그렇게 실천할 수 있는 것이다.

공부를 한다고 미래를 예측할 수는 없다. 그러나 공부를 하면 미래가 바뀐다.

03
즐거움이
동기다

공부가 재미있나요?

배울 만큼 배워서 더는 배울 게 없을 것 같은 박사들이 책을 산
더미처럼 쌓아두고 밤새워 공부한다. 더는 부러울 것이 없을 것 같
은 부자들이 정기적으로 세미나에 참석해서 강사의 말 한마디를 놓
치지 않으려고 주의를 집중한다. 바쁜 직장인이 퇴근 후 학원에 등
록해 공부한다. 지인끼리 독서 클럽을 결성해서 독후감을 발표하고
저자를 초청해서 그의 강연을 듣는다.

70세가 넘은 노인들도 주민 센터에 개설된 프로그램을 보며 어
떤 강좌를 선택할 것인지 고민한다. 노래나 건강 강좌를 선택하는
노인이 있는가 하면, 영어 회화반에 등록하는 노인들도 있다. 도서

관에서는 어린이, 학생, 청년, 주부, 노인 등 연령에 상관없이 많은 사람들이 모여 공부한다. 이처럼 남녀노소 할 것 없이 공부에 열중하는 것은 그들 자신의 지적 욕구를 충족시키려는 것이다.

"인간은 태어날 때부터 앎의 욕구가 있다."

아리스토텔레스가 말한 것처럼 지적 욕구는 인간의 본능이다. 밥을 먹고 육체를 보전하는 것처럼 지적 욕구는 인간의 정신을 보전하는 밥이다. 지적 욕구란 모르는 것을 알고자 하는 것이다. 알고 있는 것이 정확한 지식인지 확인해보는 것이다. 실용적인 지식일 수도 있고, 그냥 알고 싶은 지식일 수도 있다. 지적 욕구는 공부를 하다가 어려운 문제를 풀어냈을 때 충족된다.

조금 다른 이야기를 해보자. 마약을 흔히 향정신성 약물이라고 한다. 마약은 우리 뇌에 희열 같은 감정을 강제적으로 불러일으키는 약물이다. 처음에는 조금 기분이 좋다가 점점 그것에 빠져든다. 작은 쾌락을 만족하려 시작했다가 마약이 없으면 생활할 수 없는 상태가 된다. 그것을 중독이라고 한다.

최근 게임 중독이란 말을 많이 들었을 것이다. 실제로 약물 중독과는 다르지만 게임에 빠진 사람의 행동이 마치 중독된 것 같다고 해서 그렇게 이름을 붙였다. 게임 중독에 빠진 사람도 처음에는 시간이나 좀 보내려고 게임을 접했다가 게임이 주는 재미에 점점 빠져들게 되었을 것이다.

게임은 그야말로 노력과 보상 사이클이 실시간으로 돌아가는 세계다. 조금만 노력을 하면 보상이 주어진다. 그러면 우리 뇌는 뭔가를 이루어냈다는 기쁨에 들떠서 도파민이라는 신경전달물질을 내뿜는다. 도파민은 운동 능력이나 정보의 흐름을 조절하는 역할도 하지만 우리가 기쁘다는 감정을 느끼게끔 하는 물질이다. 바로 이것이 우리에게는 중요하다. 마치 마약에 중독된 것처럼 우리 뇌는 점점 더 많은 도파민을 원하게 된다.

도파민이라는 것은 기대하지 못한 보상을 받았을 때 나온다. 그러나 우리는 뇌가 원하는 만큼 점점 더 큰 자극을 주지 못한다. 물리적인 한계가 있기 때문이다. 한국에서는 아직 큰 문제가 아니지만, 해외에서는 더 큰 자극을 저렴하게 얻으려고 각종 약물을 무작위로 혼합해서 한 방에 기절할 만큼 강한 자극을 주는 마약(현지에서는 '주스'라고 한다)을 만드는 게 유행이라고 한다. 그 후유증은 매우 치명적이다. 생명을 잃는 경우도 종종 발생한다. 게임도 마찬가지다. 어느 순간 모든 게임이 시시하게 느껴질 때가 분명 찾아온다. 게임에서 얻는 보상이 뻔해졌을 때가 그렇다.

그런데 점점 더 강한 자극을 끝없이 줄 수 있는 방법이 있다. 바로 공부다. 자신이 풀 수 없을 것 같은 문제를 풀고 나면 도파민이 뿜어져 나온다. 한계를 넘는 경험이 도파민의 원천이다. 공부 목표를 약간 높게 설정하고 그것을 풀어냈을 때 도파민이 뿜어져 나온다. 공부란 난이도에는 한계가 없기 때문에 더 강한 자극을 원한다면 더 어려운 문제를 골라 풀려고 노력하면 된다. 일석이조가 따로 없다. 스스로를 개발하면서 즐거움을 한껏 느낄 수 있다니 말이다.

헝가리의 심리학자 미하이 칙센트미하이(Mihaly Csikszentmihalyi)는 한계를 돌파하며 느끼는 희열을 가리켜 '플로(Flow)'라고 이름 붙였고, 서울대학교의 황농문 교수는 이를 발전시켜 즐거움을 느끼며 성과를 올리는 최고의 공부법인 '몰입교육법'을 만들었다.

이처럼 즐거움을 따라가는 게 인간의 본성이라면 지적 욕구를 만족시키려고 하는 것 역시 본능인 것이다.

> **CRAZY.** 공부가 즐거움임을 믿어라.

| 전 특별히 뭘 더 알고 싶지 않은데요?

입 밖으로 꺼내지는 않아도 이렇게 생각하는 사람이 많다. 수동적인 삶에 익숙해졌기 때문이다. 하지만 지적 욕구를 충족해서 즐거움을 얻는 건 다시 말하지만 본능이다.

스스로 공부해서 기쁨을 느낀다는 것은 자기 주도적인 삶을 사는 것이다. 자기 주도적인 삶이란 주어진 과제에서 벗어나지 못하는 수동적인 삶에서 벗어나 스스로 과제를 정하고 해결하기 위해서 공부하는 것이다.

역설적이지만, 과제에서 벗어나 스스로 공부하는 건 자유를 찾는 것이다. 내가 원해서 하는 것이기 때문이다. 아무리 공부를 좋아하는 사람이라도 옆에서 공부하라고 재촉하면 하기 싫어지는 게 사람이다. 주도적인 삶을 사는 사람들은 눈치 보며 공부하지 않는다. 당당히 해야 할 것을 하고, 하고 싶은 공부를 한다. 자신을 위해 공부하라는 공자의 위기지학(爲己之學)과 상통하는 삶이다.

주도적으로 공부하는 사람은 현상에 흔들리지 않고 소신을 굽히지 않는다. 현상을 극복할 뿐이다. 해결되지 않는 단기 과제에 마음이 빼앗기지 않는다. 하찮은 이해관계에 얽매여 자신의 삶을 망치는 것을 허락하지 않는다. 어떤 유혹의 바람이 불어와도 자신의 자리를 반석으로 만들어나간다.

사실 이런 사람은 복 받은 사람이다. 지금 우리는 공부에 미쳐보려고 있지도 않은 동기를 쥐어짜고 있는데, 공부가 즐겁다니 어찌 복이 아닐 수 있을까?

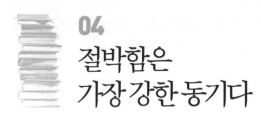

04
절박함은
가장 강한 동기다

| 아무리 그래도 지금은 아무것도 하고 싶지 않아요

한창 인기를 끌던 프로그램 〈무릎팍도사〉에 탤런트 윤여정 씨가 출연한 적이 있다. MC인 강호동 씨가 질문했다.

"언제 연기가 가장 잘됩니까?"

그러자 윤여정 씨는 머뭇거리지도 않고 대답했다.

"돈 떨어졌을 때요."

모두가 박장대소했다. 동기를 이야기하는 필자 입장에서는 매우 슬픈 이야기지만, 이처럼 이루고 싶은 꿈이나 공부에 대한 즐거움보다 더 큰 동기는 절박함이라는 것을 인정하지 않을 수 없다.

지나가는 사람들에게 우리나라에서 가장 공부에 미쳐 있는 사람이 누구냐고 물어본다면 열에 아홉은 "고3 학생"이라고 말할 것이다. 공부를 잘하든 못하든 그들의 관심사는 공부다. 그들은 온종일 공부만 생각하기에 '공부에 미쳤다'고 표현해도 이상하지 않다.

고3이 그렇게 공부를 미치도록 하는 동기가 무엇일까? 답은 이미 나와 있다. 절박함이다. 대입이라는 거대한 벽이 코앞에 닥쳐 있다. 공부를 안 할 수 없다. 지금 아무리 공부하기 싫더라도 절박한 상황만 만들면 공부를 할 수밖에 없다.

| 절박함은 어디서 생기나요?

절박한 상황을 일부러 만드는 건 앞에서 말한 미래를 보는 네 가지 시각 중 '명확한 비관'에 가깝다. '명확한 긍정'의 자세가 가장 좋지만 '명확한 비관'도 동기로서의 효과가 분명히 있다. 내가 나서서 미래를 좋게 바꾸려는 동기보다, 내가 하지 않으면 미래가 암울하다고 확신하는 게 '명확한 비관'이다.

이런 비관이 동기가 되는 이유는 인간의 성향 때문이다. 우리 인간은 '손실을 회피하려는' 성향이 있다. 심리학자인 다니엘 카너먼(Daniel Kahneman) 교수는 다음과 같은 설문 조사를 했다.

100달러가 있을 때, 다음 두 조건 중 어느 것을 선택하겠는가?

❶ 50퍼센트 확률로 100달러를 더 받거나, 아무것도 받지 못하는 상황

❷ 100퍼센트 확률로 50달러를 더 받을 수 있는 상황

이 질문에 사람들 대부분은 2번을 선택했다. 그러면 두 번째에선 어떤 결과가 나왔을까?

200달러를 가지고 있다. 다음 두 조건 중 어느 것을 선택하겠는가?

❶ 50퍼센트의 확률로 100달러를 잃거나 아무것도 잃지 않는 상황

❷ 100퍼센트의 확률로 50달러를 잃는 상황

이 질문에 사람들 대부분은 1번을 선택했다.

두 가지 질문 모두 기대금액은 50달러로 동일하다. 그러나 사람들이 선택한 결과는 판이하게 갈렸다. 합리적으로 생각하면 두 경우를 같다고 생각해야 한다. 하지만 첫 번째 경우에서는 조금 덜 받더라도 무조건 돈을 받는 쪽을 선택했고, 두 번째 경우에서는 더 잃는 한이 있더라도 잃지 않는 방법이 있다면 그쪽을 선택했다. 확실하게 손해보는 것을 확률적으로 손해보는 것보다 더 피하는 것이다.

"공부를 하면 난 잘될 거야"라고 생각하는 것보다 "공부 안 하면 큰일 난다"고 생각하는 편이 더 절실하다는 것이다. 고등학교 3학년 학생들에게 물어보면 아마도 이런 절실함과 공포 심리가 마음

속을 지배하고 있을 것이다. "더 공부해서 좋은 대학을 가야지"가 아니라 "지금 안 하면 큰일 나겠다"라는 마음이 지배하는 것이다.

잔인하게 말하자면, 공부를 열심히 해서 성공한다는 보장은 없지만 공부를 하지 않으면 확실히 인생에서 실패한다. 마음이 흔들릴 때마다 실패를 생각하라.

지금 우리는 공부를 해야 한다는 '동기'를 찾고 있다. 없는 동기를 만들고 있는 지금 어쩌면 희망찬 미래를 꿈꾸는 것보다, 아무것도 하지 않았을 때 다가올 암울한 미래를 상상하는 게 더 큰 동력을 만들어줄 것이다.

> **CRAZY.** 공부 안 하면 큰일 난다는 생각이 더 큰 동기일 수 있다.

| 저는 지금 공부할 환경이 아니에요

공부하라고 시키면 학생들은 책상 정리부터 한다. 하기 싫은 공부를 억지로 하려니 최대한 뒤로 미루려는 행동이겠지만, 환경을 바꾸면 어쨌든 공부를 하게 되니 책상 정리도 나름대로 좋은 방법이다. 동기가 없으면 동기가 생길 환경으로 바꾸자. 다만 처음에는 절박한 환경으로 바꾸는 게 동기를 만드는 데 더 도움이 된다.

환경은 '공부하기 좋은 환경', '이도저도 아닌 환경', '공부할 수밖에 없는 환경' 세 가지로 나눌 수 있다. 이 중에서 가장 효과가 좋은 환경은 조금 전에 말했듯이 '공부할 수밖에 없는 환경'이다. 그렇다면 두 번째로 효과가 좋은 환경은 무엇일까? '공부하기 좋은 환경'? 아니다. '공부할 수밖에 없는 환경' 외에는 다 효과가 없다. 우리는 동기를 말하고 있다는 걸 유념하자. 공부 능률을 말하는 게 아니다. 동기가 같고 능력까지 같다면 좋은 환경이 공부 능률을 좌우한다. 하지만 동기 측면에선 얘기가 다르다.

일본 최고의 부자 손정의는 고등학교를 다니다가 이렇게 살면 안 되겠다는 마음을 먹었다. 전형적이지만 명확한 비관주의다. 그래서 고등학교를 중퇴하고 미국으로 유학을 갔다. 당시 손정의가 다니던 고등학교에서는 혹시 다시 돌아왔을 때를 대비해 중퇴가 아니라 휴학으로 처리해주겠다고 했다. 그러자 손정의는 '돌아올 곳이 있다고 생각하면 열심히 노력하지 않을지 모르니 퇴학으로 처리해달라'고 부탁했다. 말하자면 배수의 진을 친 것이다. 절박함을 동기로 만든 극단적인 예라고 할 수 있다.

몇 년 전까지 유행하던 스파르타식 학원을 스스로 들어가는 것도 이런 예다. 공부밖에 할 게 없으니까 공부하는 것이다. 소설가 이외수는 소설을 쓸 때가 되면 아내에게 철문으로 만든 자신의 방문을 밖에서 잠가달라고 한다. 밖으로 나가지 못하니까 소설을 쓸 수밖에 없는 환경을 만든 것이다. 문인들은 지금도 이런 환경의 절박함을 이용한다. 산속에 있는 절에 들어가거나, 외딴 곳에 집을 얻어 지내거나, 인터넷이나 스마트폰 등을 모두 꺼둔다. 오로지 집필만 할 수 있는 환경으로 만드는 것이다.

여기서 한 가지만 더 짚고 넘어가자.

구글(Google)은 일하기 좋은 직장으로 매년 선정된다. 구글의 사무실은 직장인이 보기에는 꿈의 공간이다. 질 좋은 식사가 점심과 저녁으로 제공되고, 안락한 휴게실, 직원들이 이용할 수 있는 마사지숍, 운동 시설 등이 있으며, 어디서나 자유롭게 일할 수 있다.

구글이 좋은 성과를 내는 이유가 이런 자유로운 사무실 환경 때문이었을까? 당연히 아니다. 구글도 처음에는 스탠포드대학을 다니던 세르게이 브린과 레리 페이지가 초라하게 시작했다. 부품 살돈이 모자라 다른 학생이 쓰던 컴퓨터에서 부품을 떼와서 컴퓨터를 조립했다. 구글이 지금과 같은 멋진 사무실을 갖게 된 이유는 그런 환경이 능률을 올려줘서라기보다 절박한 환경에서 성공을 이루어 냈기 때문이다.

미국의 소프트웨어 회사 중에 멘로 이노베이션(Menlo Innovation)이 있다. 구글에 비하면 중소기업 수준인 이 회사는 또 다른 의미에 일하고 싶은 회사로 손꼽히는 곳이다.

멘로 이노베이션은 커다란 공장 같은 건물 안에 위치해 있다. 사무실에는 자기 자리가 없다. 옮길 수 있는 책상과 컴퓨터만 있어서 업무에 따라 자리를 조정하고 앉는다. 심지어는 사장도 자리가 없다. 여타 소프트웨어 회사에서 흔히 볼 수 있는 당구대나 탁구대도 없다. 널찍한 공간에 오로지 책상과 컴퓨터만 보인다.

게다가 컴퓨터도 1인당 1대가 아니다. 두 명이 한 대의 컴퓨터를 사용한다. 모든 일을 2인 1조로 하는 것이다. 언뜻 악덕 기업주가 운영하는 회사라고 생각할지도 모른다. 하지만 앞서 말했듯이 이 회사는 가장 일하고 싶어 하는 회사로 꼽히는 곳이다.

이 회사는 공부하는 조직이며, 일에 집중할 수 있는 환경을 만들었다. 2인 1조로 운영되는 건 컴퓨터 구입 비용이 아까워서가 아니다. 둘이서 하나의 주제로 일을 하다 보면 상대방의 부족한 점을 보완해줄 수 있고, 서로에게 집중하기 때문에 일의 능률이 올라간다. 일하는 개인으로서는 부족한 점을 배울 수 있기 때문에 만족도가 더 높다고 한다.

뚫린 공간에서 모두가 2인 1조로 일에만 집중하기 때문에 이곳 직원들은 잡념이 생길 여유가 없고 오로지 맡은 바 일에만 집중해서 희열을 느낀다. 퇴근 시간이 되면 일괄적으로 건물 내 모든 전원이 꺼진다. 맡은 시간 내에만 집중하고 오후는 가족과 함께 보내라는 회사 방침이다.

멘로 이노베이션은 일에 집중할 수밖에 없는 환경도 즐거움을 준다는 사실을 잘 보여주는 사례다. 공부도 마찬가지다. 편안하고 안락한 환경이 동기를 만드는 게 아니다. 공부를 할 수밖에 없는 환경이 더 큰 동기를 만든다.

오해는 하지 말기 바란다. 컨베이어 벨트에서 쉴 틈 없이 돌아가는 공장 환경이 좋다고 말하는 게 아니다. 지금 우리는 동기를 말하고 있기에 제한된 환경을 만들라고 말하는 것이다. 동기가 만들어지고 나면 어떤 환경도 상관없다. 충분히 동기가 오른 후에는 좋은 환경이 좋은 능률을 낸다.

> **CRAZY.** 제한된 환경이 동기를 만든다.

| 누구를 위해 공부해야 하나요?

공부는 어느 누구를 위해 하는 것이 아니다. 공부를 해서 얻는 이득은 모두 나에게로 돌아온다. 하지만 공부를 할 만한 흥이 나지 않는다면 가족을 생각해보자.

미국 인구 중 아시아계가 차지하는 비율은 2퍼센트 내외다. 그런데 미국 최고의 명문대로 손꼽히는 하버드대학교를 가보면 동양계 학생들이 예상 외로 많이 눈에 띈다. 실제 하버드대학교의 재학생 중 20퍼센트가 동양계라고 한다. 이는 다른 아이비리그 대학도 마찬가지다. 어떤 대학은 학생의 거의 절반이 동양계다.

왜 이렇게 동양계 학생이 많을까? 다른 학생들의 말을 들어보면 동양계 학생들은 정말 치열하게 공부한다. 공부에 대한 경쟁의식도 상당하다. 서양계 학생들은 학문의 목적이 자기계발이나 지적 호기심을 충족하기 위해서라고 대답하는데, 동양계 학생들은 '잘살기 위해서'라는 현실적인 대답을 많이 한다.

서울시에서 청소년 1000명을 대상으로 조사했을 때도 비슷한 결과가 나왔다. 왜 공부를 하느냐는 질문에 67퍼센트의 학생이 '잘살기 위해서'라는 대답을 했고, '꿈을 이루기 위해서'라고 답한 사람은 18퍼센트에 불과했다. 다른 사람이 시켜서 한다고 대답한 15퍼센트와 비교해서 큰 차이가 나지 않는다.

동양계 학생의 '잘살기 위해서'라는 답은 한 층위를 더 파고들어가서 살펴야 한다. '누가' 잘살기 위해서인가? 여기에 동양권 학생, 특히 한국인은 '우리'가 잘살기 위해서라고 한다. 한국인이 말하는 우리는 서양인이 말하는 우리(we)와 다르다. 서양인의 우리는 '너와 나'를 포함한다. 서양인에게 우리 엄마는 '너와 나'의 엄마다. 형제끼리가 아니라면 '우리 엄마'란 있을 수 없다. 그런데 한국인에게 우리 엄마란 '나의 엄마, 내 형제의 엄마'다. 혹은 형제가 없더라도 '우리 엄마'라고 한다. 우리라는 단어에 '가족'이라는 개념이 내포되어 있는 것이다.

동양계 학생은 개인적인 만족보다 가족의 안위를 위해 남들보다 치열하게 공부한다고 할 수 있다. 집에 고3 학생이 있으면 가족 전부가 큰 소리를 내지 않고 다닌다. 그 학생은 원하는 대학에 합격하면 제일 먼저 가족에게 고맙다고 이야기한다. 특히 가정 형편이 어려울 때 이런 경향은 더욱 강해진다.

다시 한번 비정하게 말하자면, 동양에서는 '신분 상승'의 기회가 공부밖에 없다고 생각하기 때문이기도 하다. 개천에서 용 나왔다는 말은 '가난한 집에서 사법고시 합격자가 나왔다'란 말과 일맥상통한다. 로스쿨 제도 때문에 사법고시가 폐지될 예정(2017. 12. 31)이기는 해도 지금도 서울 노량진 고시촌을 가면 인간사 모든 것을 뒤로 제쳐두고 공부하는 사람들이 꽤 많다. 이 고시생들이 지적 욕구를 충족시키기 위해 공부하는 것이라고는 절대 생각하지 않는다. 이들이 이렇게 버티는 이유는 '잘살려고', 특히 지금까지 자신을 보살펴준 가족과 함께 잘살기 위해서다. 씁쓸하지만 가족을 생각하는 애잔한 마음과 절박함이 억지로라도 공부하게 하며, 실제로 결과를 만든다.

이런 현상은 동양 전체에 존재한다. 중국은 까오카오(高考)라는 대입 시험을 본다. 우리 수능과 유사한 시험이다. 중국은 1992년 2차 개방 정책을 펼치면서 자본주의 경제를 일부 받아들였다. 그와 동시에 놀랄 만큼 빠른 속도로 경제성장을 했고, 이제는 미국과 함께 세계를 2강 체제로 양분하고 있다.

그러나 이런 경제성장의 혜택을 본 것은 도시민들이었고, 지방에 살고 있는 수많은 농민 및 소수민족은 그런 혜택을 전혀 받지 못했다. 빈부의 차는 극심해졌고, 이제라도 경제성장의 혜택을 보려면 좋은 대학을 나와서 상류사회로 재빨리 흡수되는 것밖에 방법이 없다. 때문에 중국의 까오카오는 단순히 대학 입학시험이 아니라 가족의 미래가 달린 중요한 시험이다.

자식이 까오카오를 볼 때가 되면 부모는 집을 팔고 도시로 나간다. 자녀를 더 좋은 환경에서 공부시키기 위함이다. 부모는 일용직이나 공사장에서 일하면서 자녀를 학원에 보낸다. 학생은 부모의 희생을 직접 지켜보고 있기 때문에 한눈을 팔 수 없다. 게다가 중국은 그 인구 규모에 걸맞게 한 해에 까오카오를 보는 학생수가 900만 명이 넘는다. 경쟁이 치열할 수밖에 없다. 치열한 경쟁을 뚫고 가족의 기대에 부합하려면 싫어도 공부해야 한다.

가족을 생각하는 건 가장 슬픈 동기유발 방법이기는 하지만 그것이 동양인에게 가장 효과적이라는 건 의심할 여지가 없다.

CRAZY. 가족을 생각하라.

때로는 공부가 희망이 아니라 부담이라는 생각이 들기도 한다. 그러나 그것이 부담이든 희망이든 순전히 스스로의 몫이다. 공부는 부담이 아니다. 지금 공부할 수 있다면 그건 하늘이 준 기회요 선물이다.

Recognize
your role

Part 2

역할을 인식하라

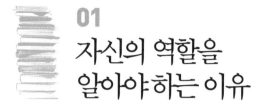

자신의 역할을
알아야 하는 이유

방향을 설정하라

1장에서는 동기를 만드는 방법을 배웠다. 그러면 동기가 생기면 바로 공부를 시작해도 될까?

현대사회는 우리가 생각하지 못할 정도로 빠르게 변화하고 있다. 그래서 요즘 비즈니스계에서는 계획보다 실행을 더 중요하게 생각한다. 기획서를 쓰고, 시장조사를 하고, 상부에 결재를 받는 그 시간에도 세상은 변하고 있기 때문에 기획과 동시에 바로 실행하라는 것이다.

그러나 지금 우리는 '1년간 미쳐라'라는 교훈을 되새기고 있다. 사업과 인생은 다르다. 1년이란 시간 동안 미치도록 공부하려고 하는데, 방향도 설정하지 않고 무작정 공부하면 원래 원하던 목적과는 전혀 다른 방향으로 가게 될 수도 있다.

동기가 생겼다면 방향을 설정 해야 한다. 방향을 정확히 설정하려면 내가 현재 처해 있는 위치를 정확하게 알 필요가 있다. 이것이 이번 장의 주요 내용이며, '자신에 대해 파악하기 → 지금 어떤 공부를 해야 하는지 생각하기 → 자기소개서와 사명서 쓰기 → 계획 세우기' 순서로 진행될 것이다.

02
하고 싶은 것과
할 수 있는 것

공부하고 싶다는 동기가 생겼다고 치자. 그러면 무엇을 공부할 것인가? 꿈이 단순한 공상으로 끝나지 않으려면 진짜로 할 수 있는 일인지, 내가 잘하는 일인지를 먼저 따져봐야 한다. 그리고 나서 1년간 '내가 몰랐던 분야를 새로 알아가는 공부'를 할지, 아니면 '내가 잘하는 분야를 더 발전시킬 수 있는 공부'를 할지 정해야 한다.

예를 들어 '세계적인 팝 가수가 되고 싶은 음치'가 있다. 이 사람은 지금 무슨 공부를 해야 할까? 냉정하게 판단하면 이 사람은 꿈을 바꿔야 한다. 자칫 공상으로 끝날 가능성이 높기 때문이다. 그러나 그럴 수 없다면, 이 사람이 선택할 수 있는 공부는 두 가지가 있다. '세계적인'이라는 목표에 맞춰 '언어 공부'를 할 수 있다. 또 '가수'란 목표에 맞춰 보컬 수업을 열심히 받을 수도 있다.

사람들에게 위의 사람이 어떤 공부를 하는 게 합리적인지를 물어보면 대부분은 일단 보컬 수업을 듣는 게 좋겠다고 한다. 팝 가수든 가요 가수든 일단 노래를 잘해야 할 것 아니냐는 반응이다. 맞는 말이다. 그러나 한층 더 파고 들어가면 또 다른 답이 나온다.

노래 실력은 후천적인 노력으로 어느 정도 발전할 수 있겠지만 선천적 재능이 상당히 많이 좌우하는 분야니 차라리 언어 공부를 열심히 하는 게 그 사람의 남은 인생에 더 큰 도움이 되는 활동이 아니냐는 견해다. 냉정하게 말해서 가수는 어차피 안 될 터이니, 두 번째 목표라도 향해 갈 수 있도록 해야 한다는 말이다. 이것 역시 맞는 말이다.

우리는 답을 모른다. 우리는 '세계적인 팝 가수가 되고 싶은 음치'가 아니기 때문이다. 본인의 사정은 본인만이 정확히 판단할 수 있다. 어쩌면 그 사람은 음감은 조금 떨어지지만 리듬감과 언어 능력이 뛰어나서 세계적인 래퍼가 될 자질이 있는지도 모른다. 그러니 방향을 잡으려면 지금의 '나'를 먼저 냉정하게 돌아봐야 한다.

　우리는 능력, 직업, 취미, 직장, 나이, 성별, 직급, 재능, 지역, 학력, 체력, 경험, 가정환경, 결혼 여부, 가치관, 사상 등 현재 처해 있는 상황이 모두 다르고 그 영향으로 사람들의 특성도 제각각이다. 그러니 옆의 사람은 쉽게 하는데 왜 나만 발버둥 치며 노력해도 안 되느냐며 실망할 게 아니다.

　다른 사람은 못하지만 당신이 잘하는 것이 있고, 남들이 힘들어하는 것을 당신은 쉽게 할 수 있는 것이 있다. 하고 싶은 것도 모두 다르다. 그것이 어떤 것이든 나를 파악해서 찾아보자. 정말 1년간 미친 듯이 공부할 수 있는 일을 찾아보자. 다음의 리스트를 작성해보자. 자기 자신을 파악하는 데 도움이 될 것이다.

　리스트는 첫 번째 카테고리(하고 싶은 일/좋아하는 일/해야 하는 일)와 첫 번째 카테고리 각각에 대한 하위 카테고리(육체적인 것/정신적인 것/물질적인 것)로 구성되어 있다. 즉 아래와 같은 표를 짜보는 것이다. 다음 표는 '세계적인 팝가수가 되고 싶은 음치'가 작성한 것이다.

하고 싶은 일 (도전해보고 싶은 일)	육체적인 것	볼링 에버리지 150
	정신적인 것	역사 공부
	물질적인 것	신형 아이패드 사기
좋아하는 일	육체적인 것	역시 볼링
	정신적인 것	역사 드라마 보기
	물질적인 것	IT 기기 만지기
해야 하는 일	육체적인 것	보컬 트레이닝
	정신적인 것	영어 공부
	물질적인 것	기타 구입

브레인스토밍을 하듯 세 가지 항목에 대해서 평소에 생각했던 것을 기록하라. 그 내용이 허황한 것이라도 상관없다. 아주 작은 것이라도 세 가지 항목 중 어느 한 곳이든 해당되는 것이라면 일단 기록하자. 머리를 싸매고 생각할 필요가 없다. 차분하게 마음 가는 대로 기록하자. 기록하는 데 오랜 시간이 걸려도 상관없다. 며칠이 소요되어도 좋다. 길을 걷다가, 일을 하다가, 출근하다가, 화장실에서, 대화하다가, 독서하다가, 영화 보다가 생각난 것도 좋다. 그것이 다른 사람의 것이 아닌 바로 자신의 것이라면 그 어떤 것이라도 상관하지 마라.

기록된 것이 수십 가지라도 문제가 되지 않는다. 한두 가지밖에 없다고 실망할 필요도 없다. 일단 기록된 리스트 중에서 1년 동안 할 수 있는 일을 선택하자. 그 개수가 몇 개라도 상관없다. 선택한 것이 자신이 가진 능력에 비해 과하든 부족하든 상관없다. 현재의 업무와 관련이 있든 무관하든 해보고 싶은 것이라면 아무래도 좋다. 그것 때문에 비웃음을 당하더라도 개의치 말라. 당신의 속을 썩이는 것이라도 괜찮다. 해묵은 숙제를 해결해줄 것이다.

1년 동안 할 수 있는 일이 정해졌으면 깔끔하게 프린트해서 언제든지 볼 수 있도록 하라. 책상 앞에 붙여놓고, 가방에도 넣어가지고 다니면서 보라. 스마트폰에 저장해서도 보라. 수시로 보면서 일정대로 진행되고 있는지 자신을 독려하라.

│ 무엇을 먼저 할 것인가

앞의 리스트에 작성한 것을 모두 할 수 있다면 좋겠지만 사람은 하루에 할 수 있는 공부, 한 달에 할 수 있는 공부, 일 년에 할 수 있는 공부의 양이 각각 다르다. 공부 자체가 목적인 아주 운 좋은 사람을 제외하면 대부분의 사람에게 공부란 인고의 시간이고, 공부에 투여할 수 있는 자원은 한정돼 있다.

리더십과 자기계발의 권위자인 스티븐 코비는 '중요한 것을 먼저 하라'란 메시지와 함께 '시간 관리의 사분면'을 이론적으로 내세웠다. 우리에게는 아래와 같은 일들이 있다.

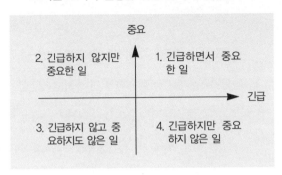

스티븐 코비가 설정한 시간 관리의 사분면

중요

2. 긴급하지 않지만
　　중요한 일

1. 긴급하면서 중요
　　한 일

긴급

3. 긴급하지 않고 중
　　요하지도 않은 일

4. 긴급하지만 중요
　　하지 않은 일

　당연하게도 사람들은 1사분면의 일을 하는 데 대부분의 시간을 보낸다. 나머지 시간은 합리적이지 않게도 3사분면의 일을 하며 보낸다고 한다. 문제를 생각하지 않으려고 3사분면으로 도피한다는 것이다. 게다가 1사분면의 일이라고 생각한 것 중 많은 일이 4사분면의 일이다. 급해 보이는 일이 중요한 일이라고 착각하는 것이다.

　그래서 스티븐 코비는 2사분면을 매우 중요하게 생각했다. 2사분면에 얼마나 많은 시간을 쓰느냐에 따라 성공이 좌우된다고 했다. 자원이 한정되어 있는 상황에서 어떤 공부를 우선적으로 해야 할지를 결정할 때도 사분면 그래프를 그려보면 많은 도움이 된다.

　스티븐 코비는 긴급성과 중요도를 따짐으로써 시간을 관리하라고 했지만, 나는 이를 조금 변형하여 '능력'과 '유용성'을 잣대로 삼을 것이다. '능력'은 지금도 잘하고 있고 앞으로 공부한다면 더 잘할 수 있는 것을 말하고, '유용성'은 내 미래에 도움이 될 만한 일을 말한다.

'능력'과 '유용성'을 반영한 시간 관리의 사분면

유용성

2. 유용하지만 능력
   은 없다.

1. 유용하며 능력도
   있다.

능력

3. 능력도 없고 유용
   하지도 않다.

4. 능력은 있으나 유
   용하지는 않다.

이 사분면에 '세계적인 팝 가수가 되고 싶은 음치'가 작성한 리스트를 대입해보자.

자기 분석 리스트를 대입한 시간 관리 사분면

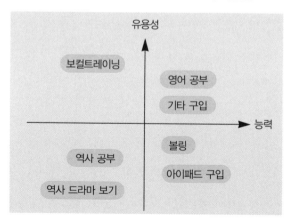

그래프 상으로 보면 영어가 유용하고도 필요한 것임을 알 수 있다. 그러나 가장 유용할 것으로 (스스로) 판단하고 있는 것은 조금 능력이 떨어지는 보컬트레이닝이다. 1년간 미치기 가장 좋은 사분면은 역시 1사분면이다. 본인이 능력도 있기에 공부하면 빨리 결과가 나온다. 공부에 미치는 요건 중 하나는 빠른 피드백이다.

내 판단으로는 이 사람은 영어 공부를 위주로 하되 보컬트레이닝에 들이는 자원을 조금씩 늘리는 것이 바람직하다. 우리는 지금 1년간 미쳐서 성공으로 가는 길을 이야기하고 있다. 그러므로 단순히 재미로만 즐기고 꿈과 크게 관련이 없는 역사 공부는 취미 정도로만 간직하는 게 좋다.

스티븐 코비에 의하면 사람은 문제를 만나면 그것을 피하려고 3사분면으로 빠져드는 경향이 있다고 한다. 3사분면으로 빠지는 현상을 피하려면 한눈에 파악할 수 있는 그래프를 그려서 책상 주변에 붙이거나 스마트폰에 저장해서 수시로 확인하는 게 좋다.

CRAZY. 삶에 유용하고 능력도 받쳐주는 것부터 시작하라.

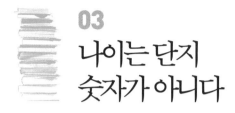

03
나이는 단지
숫자가 아니다

CF에서 한창 유행했던 말이 있다. '나이는 단지 숫자에 불과하다.' 또 이런 말도 유행했었다. '인생은 십진법이 아니다.' 스물아홉 살에서 서른 살이 된다고 인생이 확 바뀌지 않는다는 뜻이다. 하지만 모두 틀렸다. 나이는 '단지 숫자'가 아니며, 사회에서는 나이를 십진법으로 바라본다. 비정하지만 사실이다.

나이가 들면 관리 정도에 따라 차이가 나지만 체력적으로 확실히 다르다. 20대 때 열다섯 시간씩 공부하던 사람도 50이 넘어가면 열다섯 시간 동안 무엇을 한다는 것은 무리다.

10대 시절엔 "네 꿈을 마음껏 펼치렴"이라고 말해주던 부모님이 20대의 나를 볼 때는 "뭘 해서 먹고 살래?"라며 걱정하고, 30대의 나에게는 혀를 쯧쯧 찬다. 이미 '꿈을 마음껏 펼치려고 노력하고 있는'데도 말이다. 내가 원하는 공부를 하는 것도 중요하지만, 나이에 따라 사회가 요구하는 능력을 갖출 수 있는 공부를 해야 한다는 사실을 받아들여야 한다.

10대, 공부를 연습하라

이 책에서는 10대의 공부는 다루지 않을 것이다. 사회에서 요구하는 10대의 공부는 너무나 명확하기 때문이다. 꿈, 창의, 도전 등 아름다운 단어는 많지만 아쉽게도 우리 10대들에게 이런 단어는 의미 없는 수사에 불과하다. 더 큰 꿈을 꾸고 자유로워야 할 시기가 10대지만 (특히 우리나라의) 10대에게 공부란 의무다. 원하는 공부를 할 만큼 선태의 폭이 넓지도 않다. 지금 말하고자 하는 건·나이별 방향성이 따로 있다는 것이니, 선택의 폭이 얼마 없는 10대의 이야기는 생략하도록 하겠다. 구체적인 공부법을 알고 싶다면 서점에 나가면 된다. 각종 공부법을 피력하는 책이 하늘의 별만큼이나 많다. 그 책의 저자들이 나보다 더 전문가들이다.

다만 10대에게 하고 싶은 말은, 해야 할 공부가 정해져 있고 꼭 해야만 하니 1장에서 말한 것처럼 '동기'를 쥐어짜서라도 '의미'를 찾으며 하라는 것이다. 설령 의미가 없더라도 지금 한 공부가 어떤 형태로든(좋은 대학교에 입학하는 게 아니라도) 반드시 도움이 될 것이다. 이것은 단언하건대, 변함없는 진실이다.

우리나라에서 10대에게 공부는 필수이며 하늘이 내려준 소명이다. 삶의 중심에는 공부가 있다. 생존을 위해 숨 쉬듯이 하는 것이 공부다. 그리고 내가 이 책에서 끝없이 주장하듯이 공부란 10대 시절에 끝나는 게 아니라 '더 나은 나'로 나아가기 위해 평생 해야 하는 것이다. 10대 시절에 하고 싶은 공부를 선택해서 하지 못할지라도 지금 만들어놓은 공부 습관은 인생을 받쳐줄 중요한 자산이 될 것이다. 공부를 연습하는 기회로 삼자. 지금 인내와 집중, 그리고 자기가 주도하는 인생을 배우자. 그것이면 충분하다.

│ 20대, 큰 그림을 그리는 공부를 하라

10대 때는 아무리 주도적으로 공부한다고 하더라도 주어진 시간 내에서 일정 부분 수동적으로 움직인 게 사실이다. 날이 밝으면 책가방을 메고 학교로 갔다. 학교가 끝나면 학원이나 독서실로 갔다. 먹고 자는 시간을 제외하면 공부라는 삶의 터에서 맴돌고 있었다. 지정된 선로를 쉼 없이 가야 하는 생활이었다.

목표도 같다. 대학에 들어가고 취업을 위해서 공부 하나만 열심히 하면 되는 시기다. 입시 지옥을 통과하면 아름다운 인생이 펼쳐질 것을 기대한다. 이성 교제를 마음대로 하고, 동아리 활동과 여행을 하며 인생을 즐길 것이라 생각한다. 그러나 현실은 상상하듯 아름다운 것만 있는 것이 아니다. 가혹하게도 또 다른 어려움이 닥친다. 취업, 결혼, 독립 등 청소년기에는 아름다운 꿈으로 생각했던 것들이 오히려 부담으로 다가온다. 20대의 삶도 청소년과 크게 다르지 않다. 오히려 공부, 군대, 취업이라는 또 다른 관문이 기다리고 있다. 오직 공부 하나에 몰두했던 청소년 시절이 좋았다는 생각이 들기도 한다.

그러나 바로 지금이 주변의 시선을 뿌리치고 온전히 자신과 대화할 때다. 하늘이 내려준 자유의지를 맘껏 활용할 때다. 자신을 세상의 중심에 두고 자신과 이야기할 때다. 현실에 주눅 들지 말고 주인공으로서 자신에게 하고 싶은 말을 과감히 해보라. 주변의 충고를 기다리지 말고 마음에서 들려주는 소리에 귀를 기울여라. 수많은 생각들이 서로 싸울 것이다. 감히 밖으로 말하지 못했던 소리들이 아우성칠 것이다.

동기를 말할 때도 생각할 수 있는 여유를 가지라고 했다. 20대는 인생 전체를 보면 생각하기에 가장 좋은 시기다. 누군가 억지로 공부를 시키지도 않고, 당장 일이 있는 것도 아니다.

이 시기에 자신과 대화하는 버릇을 키우지 않으면 앞으로의 인생도 힘들다. 생존이라는 수렁에 빠져 허우적거리느라 자신을 찾아보는 시간을 만나지 못할 것이다. 자신과 대화할 틈이 없어진다.

무엇을 공부할 것인지 자신과 대화하라. 꿈과 직업을 연계할 것인지, 현실의 일을 하면서 꿈을 이룰 것인지 대화하라. 가수가 아니어도 노래는 할 수 있다. 가수가 되기 위한 공부를 할 것인지, 현실에 충실하면서 노래를 공부할 것인지 자신과 대화하라. 가수가 될 능력이 되는지 자신과 대화하라. 꿈을 위해서라면 먹고사는 것이 해결되지 못해도 좋은지 대화하라. 청년 시기에 이런 대화를 하지 못하면 평생 자신과 대화하지 못한다. 생각이 현실과 타협하기 때문이다. 누구를 위해서 공부하는 것인지 대화하라. 가족, 친구, 사회의 평가들과 단절하라. 공부란 온전히 자신을 위한 것으로 단정하고 자신과 대화하라.

때로는 공부가 희망이 아니라 부담이라는 생각이 들기도 한다. 그러나 그것이 부담이든 희망이든 순전히 스스로의 몫이다. 공부는 부담이 아니다. 지금 공부할 수 있다면 그건 하늘이 준 기회요 선물이다.

이때 어떤 씨를 어느 곳에 뿌리느냐에 따라 인생의 향배가 결정된다. 건강한 씨를 옥토에 뿌리면 새들이 날아와 둥지를 틀 수 있는 거목이 된다. 그러나 건강하지 못한 씨를 뿌리거나, 건강한 씨라도 바위틈에 뿌리면 고사한다. 비록 생명을 유지하더라도 겨우 살아가는 연약한 나무가 될 뿐이다.

건강한 씨란 긍정적인 의미에서 자신이 가장 잘하는 것을 말한다. 부정적이거나 잘 못하는 것이 아니다. 노름 등 해악을 끼치는 일을 말하는 것도 아니다. 옥토란 자신이 잘하는 것, 자신의 특기를 가장 잘 펼칠 수 있는 긍정적인 장소다.

건강한 씨를 뿌리려면 우선 자신이 잘하는 것을 찾아야 한다. 잘하는 것을 찾으려면 지금 하고 있는 것이 자신이 잘하는 것인지, 잘하지 못하면서 억지로 하고 있는 것인지, 주변 사람들의 기대에 떠밀려 하고 있는 것은 아닌지, 해야 할 것을 못 찾아 아무거나 대충 하고 있는 것인지, 자신이 잘하는 것을 할 수 있는 기회를 못 잡아서 시간 때우기로 하고 있는 것인지, 이런저런 생각도 없이 그냥 하고 있는 것인지 알아보아야 한다.

20대는 앞에서 말한 그래프를 그려보기 딱 좋은 나이다. 20대에는 1년간 미칠 그래프가 아니라 인생 전반에 대한 그래프를 그려보면 좋다. 그래프를 그리는 것 자체가 공부가 될 것이다.

지금 하고 있는 분야와 전혀 다른 것이라도 자신이 잘하는 것이라면 그 분야도 알아봐야 한다. 분야와 지역을 한정하지 마라. 자신이 잘할 수 있는 것을 펼칠 수 있다면 어디라도 상관없다. 큰 그림이 그려지면 무엇을 어떻게 공부할지 감이 잡힌다. 어떤 공부에 미쳐야 할지 그 대상이 보인다.

20대에 고민하지 않고 사회에 발을 내디디면 평생을 후회한다. 잘하는 것 없고 자신감을 상실한 사람이 된다. 내가 무엇을 잘하는

지는 자신이 가장 잘 안다. 무엇을 잘하는지 모른다면 찾아보라. 부모나 주위의 사람들에게 물어보라. 짬을 내어 적성이나 성격 검사도 해보라.

세상과 적당히 타협하여 자신이 잘하는 공부를 포기하지 마라. 잘하는 분야에서는 양보하지 마라. 그렇다고 다른 사람들이 내미는 손을 모두 뿌리치라는 것은 아니다. 오히려 잘하는 것을 더 잘할 수 있도록 도움을 주는 손이라면 적극적으로 그 손을 붙들어라. 지도를 받아라. 혼자서 공부하는 것보다 열 배, 백 배의 효과가 나타날 것이다.

단, 20대에는 '좋아하는 것'이 잘하는 것일 확률이 높다는 것을 기억하라. 10대 때는 모두 하는 획일적인 공부를 했을 가능성이 크다. 그 기준으로 잘하는 것과 못하는 것을 구분하면 안 된다. 치열하게 생각해서 정말 좋아하는 바를 발견했다면, 그것이 잘하는 것일 확률이 매우 높은 시기가 20대다.

주변 친구들에게 물어보라, 무엇을 좋아하는지. 아마도 자신 있게 대답하는 친구가 드물 것이다. 무엇을 잘하는지 알기는커녕 무엇을 좋아하는지 자신을 돌아볼 기회도 별로 없었기 때문이다. 확실히 좋아하는 게 있다는 것이 20대의 경쟁력이다.

CRAZY. 20대라면, 좋아하는 것이 있다는 것 자체가 좋은 것이다.

개인적으로 재미있는 조사를 아주 간단히 해봤다. 이 책을 포함해서제목에 '~에 미쳐라'가 포함된 책이 상당히 많은데, 실제로 얼마나 되는지를 온라인 서점에서 조사해봤다. 연령별로 분류해보니 20대를 위한 책으로는 '자기계발', '재테크', '공부', '공모전', '펀드 투자', '내 집 마련', '열정', '인(人)테크', '성공하는 습관', '일', '그냥(!)', '사람' 등 12종이 있었다. 30대를 위한 책은 '공부', '일' 2종이었다. 40대를 위한 책은 '공부'(꾸준히 나온다), '건강', '도전' 3종이었다. 50대를 위한 책은 '재테크' 1종이었다. 60대 이후부터는 슬프지만 없다.

12종이나 되는 책이 20대에게 미치라고 하는 것은 이 나이에 미칠 수 있는 분야가 그만큼 많고 해주고 싶은 이야기도 많다는 뜻이다. 20대에는 수많은 선택권이 펼쳐져 있다. 무한한 가능성을 열고 좋아하는 것, 잘하는 것이 무엇인가를 생각해서 그것에 미쳐라.

| 30대와 40대, 리더십을 익혀라

30대와 40대는 인생의 절정기다. 혈기가 왕성하고 나름대로 인생관을 확립한 시기다. 자신감이 넘친다. 자신의 잘난 점을 최대한 내보이려고 애쓰는 시기다. 열심히 사랑하고 일하느라 정신없이 시간을 보내기도 한다. 최고가 될 것이라는 자신감이 있다. 기회라고 생각하면 물불을 가리지 않고 행동을 앞세운다. 주변에서 일어나는 것은 보지 않으려 한다. 경주마처럼 앞만 보고 달리기도 한다.

그렇게 무작정 달리다 문득 뭔가 놓치고 있다는 것을 깨닫는다. 실리도 없이 달리는 자신을 보고 이제야 현실에 눈 뜬다. 아래에서 치고 올라오는 것에 놀라고, 위에서는 내려오는 압박에 어쩔 줄 모른다. 이런 것에 발목을 잡히면 우유부단하고 현실에 타협하는 젊은이로 맥없이 추락한다. 꿈과 야망이 자신도 모르게 퇴색된다.

정점에 올랐다고 생각한 사람도 마찬가지다. 정점에 오르면 또 다른 정점이 보인다. 하나의 산봉우리를 정복하면 또 다른 산봉우리가 보이듯 또 다른 정점이 눈앞에 버티고 있다. 깜짝 놀랄 만한 것을 한번 해보고 싶다는 마음도 불안감과 함께 스멀스멀 올라온다. 날개를 달고 하늘을 날아가는 꿈을 꾼다.

선배들을 꼰대라며 비아냥거렸던 것을 생각하며 자신은 선배들처럼 고정관념에 묶인 사람이 아니라고 거울을 보며 생각하고, 아직도 미래를 꿈꾸는 청춘이라 위안한다. 그런데 어느 날 거울에 낯선 사람이 서 있는 것을 본다. 매일 자신이 만나던 그 사람이 아니다. 이리저리 살펴보지만 자신이 아닌 다른 사람이 자신을 보고 있다. 갑자기 무기력해진다.

이것이 30대와 40대의 전형적인 스토리다. 만약 그런 사람을 거울에서 만났다고 하더라도 지금 야망이 퇴색하고 무기력해질 때가 아니란 것을 명심하고 다시 미칠 준비를 해야 한다. 또 다른 봉우리를 찾아 나서고 그 봉우리를 점령해야 한다. 멀리 내다보며 또 다른 봉우리를 만나야 한다. 현실에 적당히 타협하며 우유부단한 삶을 살아서는 안 된다. 고정관념에 빠진 고리타분한 사람으로 보여서도 안 된다. 공부를 통해 두뇌에 새로운 바람을 넣어야 한다.

그러면서 후배들의 진로에 걸림돌이 되지 말아야 한다. 자신만 생각해도 되는 시기는 이미 지났다. 타인을 배려하고 조직을 키워야 하는 때다. 또한 탄탄한 삶의 기반을 닦으며 울타리 밖의 세계로 나아가야 할 때다. 리더로서 사람들을 이끌고 새로운 세상으로 인도할 때다. 참된 어른이 되는 때다. 가장 강성한 시기면서 해야 할 것도 많은 시기다. 위기이면서 기회인 이 시기엔 과연 무엇을 공부해야 할까?

30대와 40대는 학교를 졸업하고 사회생활을 한 지 10년 이상이 흐른 시기다. 10년이라고 하면 '10년의 법칙' 혹은 '1만 시간의 법칙'을 떠올리는 사람들이 있을 것이다. 〈뉴요커〉 기자였다가 《티핑 포인트》를 펴내 일약 이 시대 최고의 사상가 중 한 명으로 떠오른 말콤 글래드웰(Malcolm Gladwell)이 유행시킨 말이다.

원래 '1만 시간의 법칙'은 플로리다주립대학 앤더스 에릭슨(Anders Ericsson) 교수 연구팀이 1993년 발표한 논문 〈전문 역량 습득에서 의도적 연습의 역할〉에 실린 이야기다. 교수팀은 베를린의 한 명문 음악학교에서 학생들의 연습 시간을 조사했다. 이들 중 최고 수준의 학생은 입학하기 전까지 약 7410시간을 연습했는데,

반면 약간 수준이 떨어지는 학생들은 3420시간 정도밖에 연습을 안 한 것으로 드러났다.

이후 말콤 글래드웰이 이 논문에 자신의 조사를 곁들여서 '어떤 분야의 대가가 되려면 1만 시간의 노력이 필요하다'는 논지를 그의 베스트셀러 《아웃라이어》에서 펼침으로써 이 법칙이 대중화되었다. 하루 약 세 시간을 노력한다면 10년 후에 대가가 될 수 있다는 의미에서 이 법칙을 '10년의 법칙'이라고도 한다.

다시 원점으로 돌아가서 질문해보자. 40대로 접어들었다면 한 가지 일을 10년 이상 했다는 뜻인데, 과연 그들은 모두 자신의 일에 대가가 되었는가? 쉽게 그렇다고 말할 사람은 매우 드물다. 10년의 법칙에서 중요한 단어는 10년이 아니라 '하루 세 시간'이다. 하루 세 시간을 '더 나아질 나'를 위해, 혹은 직무를 더 잘하려고 노력했는가? 아니면 시키는 대로 했는가? 즉 하루 세 시간 동안 공부해왔다면 40대에 대가가 되었을 것이고, 그렇지 않다면 앞에서 말한 일반적인 40대의 삶을 살면서 걱정만 하고 있을 것이다.

그렇다면 이제 공부하기에 늦은 것인가? 그렇지 않다. 다행히 아직도 10년 이상의 시간이 있다. 50대에 대가가 되어도 나름 괜찮은 일이다. 다만 20대처럼 좋아하는 것이라면 무엇이든지 공부할 수 있는 시기는 지났다고 볼 수 있다. 이제 실수는 통하지 않는다. 목적이 정확한 공부를 해야 한다. 더욱 '발전된 나'를 만들고 사회의 요구에도 부응할 공부거리가 바로 '리더십'이다.

30대와 40대는 팀의 리더로서 팀원과 함께 성과를 만드는 책임자 역할을 해야 한다. 조직의 핵심으로서 팀의 색깔과 맛을 나타내야 하는 위치에 있다. 회사라면 과장이나 부장이라는 직급을 달고 임원으로 승진하기를 기다리는 때다. 이런 역할을 제대로 수행하려면 다음과 같은 리더십을 공부해야 한다.

전문가가 되는 리더십을 공부하라

전문가로서 리더십을 발휘하려면 그 분야에 정통해야 한다. 전문가라는 명성을 얻어야 한다. 그래야 팀을 이끌어가기가 용이하다. 몰라서는 리더가 될 수 없다. 이런 사람은 리더의 자리에 올려놓아도 제 역할을 하지 못한다. 오히려 팀원들이 고생은 고생대로 하고 평가를 받지 못하는 불상사를 초래한다.

마케팅 부서의 팀장이라면 마케팅을 공부해야 한다. 학교에서 배운 것, 일하면서 주워들은 것은 상식의 수준에도 들지 못한다. 누구나 알고 있는 구태의연한 것이다. 상사의 명령에만 목을 매고 그것을 수행하느라 다른 것을 생각하지 못한다면 이 사람도 리더가 되기를 포기한 사람이다. 리더로서 역할을 제대로 수행하려면 마케팅 이론을 새롭게 공부해야 한다. 마케팅 책자를 끼고 살아야 한다. 독서하고, 강의를 듣거나 세미나를 통해서 새로운 이론을 공부하여 자신만의 독창적인 마케팅 원칙을 정립할 필요가 있다.

전문가로서의 리더십을 공부하고자 한다면 최고 경영자의 위치에 오른 사람들의 프로필을 살펴보라. 하나같이 어떤 부문의 전문가 또는 달인이라는 별칭이 붙어 있다. 자신이 가장 잘할 수 있는 독보적인 전문 분야 하나는 기본적으로 가지고 있다.

자신이 다니고 있는 직장의 대표에 대해 공부해보라. 그리고 국내외의 성공한 기업가의 전기를 모두 섭렵한다는 각오로 책을 읽어보라. 그들의 공통점이 무엇인지 정리하여 자신의 것으로 만들라. 팀장으로서, 전문가로서 리더십을 발휘하려면 기본 분야를 만들어라. 기본이 있어야 그것을 토대로 영역을 넓힐 수 있다. 기본이 없는 지식은 잡학에 불과하다. 업무에 도움이 되지 않는 죽은 지식이다. 담당 분야에 대한 확고한 기본이 잡혀 있을 때 한 단계 높은 역할을 자신 있게 맡을 수 있다.

| 둘째, 팀의 성과를 만드는 리더십을 공부하라

리더는 혼자 하는 것이 아니다. 함께 일하는 사람들을 통해서 성과를 창출하는 것이다. 혼자서 아무리 일을 잘해도 구성원이 호응해주지 못하면 그것은 사상누각일 뿐이다. 팀원에게 동기를 부여하고 비전을 제시하며 그들과 힘을 합해 시너지 효과를 올려야 하는

것이 팀 리더다. 성과를 만드는 팀 리더십 공부가 필요한 이유다.

선천적으로 보스의 기질이 있어 앞장서길 좋아하는 사람일지라도 성과를 창출해야 하는 팀 리더가 "나를 따르라"라는 말만 하면 곤란하다. 업무의 방향을 제시하고, 주제를 확정하며, 팀원들의 동기를 이끌어내야 한다. 팀원들의 잠재력과 현실의 아이디어를 끌어내고 결합하는 게 바로 리더십이다.

리더는 팀원에게 모범을 보여야 하며 자신만의 원칙이 있어야 한다. 원칙이 없는 리더는 팀원이 따르지 않는다. 따르고 싶어도 어떻게 행동할지 몰라 우왕좌왕하며 눈치를 살핀다. 그렇기에 나는 누구이며, 어떤 원칙을 가지고 어떻게 행동한다는 것을 명확히 알려주어야 한다. 그리고 그 원칙을 일관성 있게 실행하는 자세가 필요하다.

이런 원칙이 있을 때 팀원들은 업무를 소신껏 할 수 있다. 그렇기에 자신의 원칙이 무엇인지, 성과를 창출하기 위한 리더십이 어떤 것인지 모른다면 먼저 자신의 원칙이라고 생각하는 것을 종이에 적어라. 그리고 그것을 정리하여 마음에 새기고 팀원에게도 공표하라.

서점에 가면 리더십에 대한 책들이 무수히 많다. 그중에 마음에 드는 책을 골라 그 책을 읽고 또 읽으며 책에 나오는 대로 업무에 적용해보라. 자신에게 어울리는 방법을 선택해서 하나씩 실행해보라. 1년간 공부하며 실행하다 보면 자신만의 리더십이 만들어진다.

'예전에 내가 어땠는데', 딱 이렇게 생각하기 좋은 시기다. 자꾸 과거로 돌아가는 것이다. 어떤 사람을 만나면 군대 이야기를 온종일 하거나, 학생 시절을 이야기하다가 하루가 저문다. 그 사람이 그 시절을 추억하는 이유는 그때가 가장 화려한 시절이었기 때문이다. 사람은 기본적으로 남의 말을 듣기보다 자기 자랑을 하고 싶어 한다. 현재에 자랑할 게 없고 미래에도 자랑할 게 없는 사람이라 과거의 군대 이야기나 학창 시절 이야기를 하는 것이다.

리더는 이렇게 과거의 영광에 함몰되면 안 된다. 계속 '앞으로'를 생각해야 한다. 혼자서 미래 비전을 그릴 수 없다면 미래학자의 이야기를 읽고 자신의 것으로 다시 정리하라. 군대 이야기나 하는 것보다 훨씬 생산적이다. 미래학자의 말을 통해 스스로의 비전을 발견할 수도 있다.

앨빈 토플러(Alvin Toffler)는 세계적으로 가장 유명한 미래학자다. 앨빈 토플러는 1980년에 그의 저서 《제3의 물결》을 통해 정보화 사회가 올 것을 예견했다. 농업혁명, 산업혁명에 이어 정보화 혁명이 온다는 것이 그의 주장이었다. 겨우 1980년에 말이다. 그의 말은 1990년대 후반부터 인터넷 접속이 광범위하게 가능해지면서 현실이 되었다.

한국의 대표적인 미래학자 최윤식 소장에 의하면 미래학자는 '예언'을 하는 것이 아니라 현재의 데이터를 통합하고 합리적으로 추론하여 가능한 미래를 그려본다. 최윤식 소장은 미래 정보(비전)를 만드는 사고방식 10가지를 제시했다.

❶ 미래에 대해 끊임없이 관심을 갖고 주목하라.

❷ 목적을 분명히 하고, 많이 읽고 잘 읽어라.

❸ 변하는 것과 변하지 않는 것을 구별하면서 읽어라.

❹ 겉으로 보이는 변화에만 주목하지 말고 속에 숨어 있는 변화의 힘을 찾아라.

❺ 변화의 힘을 어떻게 연결할지를 생각해보라.

❻ 미래 예측은 그림 퍼즐 맞추기 게임이다.

❼ 퍼즐이 맞추어지면서 하나의 그림, 하나의 작동 가능한 시스템 구조가 완성되면 그다음으로는 이것이 어떻게 작동하는지에 관심을 가져라.

❽ 이런 변화의 가능성이 나타나면 사람들이 무엇을 선택할지를 생각해보라.

❾ '비전의 범위에 드는 미래'를 선택해보라.

❿ 미래에 있을지도 모를 최악의 상황을 상상해보라. (더 많은 것을 알고 싶다면 최윤식 소장의《대담한 미래》를 참고하길 바란다.)

상상력은 자신이 알고 있는 범위에 한정된다. 아무리 미래를 상상하려 해도 알고 있는 것이 없다면 상상할 수 없다. 엉뚱한 생각을 하게 될 뿐이다.

풍부하게 상상하는 리더가 되려면 책을 가까이 하라. 관심 분야에 대한 공부를 해보라. 미친 듯이 공부하다 보면 전에는 생각하지도 못했던 것들이 상상된다. 그리고 그 상상이 현실로 나타난다.

30대와 40대는 해야 할 공부가 끝이 없지만, 꼭 필요한 공부를 한 가지만 더 말하겠다. 바로 '인간관계'다. '인간관계란 사회생활을 하면서 자연적으로 터득하는 것이지, 웬 공부?'라며 반문할지도 모르겠다. 하지만 서점에 가보라. 인간관계를 알려준다는 책들이 셀 수 없을 만큼 많다. 인간관계를 알고 싶은 사람이 그만큼 많다는 뜻이다.

인간관계란 사람들 사이에 맺어지는 개인적이며 정서적인 관계를 뜻한다. 관계가 원만하고 능력 있는 사람이라는 평을 듣는 사람이 있는가 하면, 인간관계가 귀찮아 시골로 내려가 혼자 살려고 하는 사람들도 있다. 또한 사랑과 믿음으로 가득한 좋은 관계가 있는가 하면, 미움과 불신으로 점철된 나쁜 관계도 있다.

괴테는 "나에게 혼자 파라다이스에 살게 하는 것보다 더 큰 형벌은 없다"고 말했다. 서로 부대끼며 살아야 한다는 뜻이다. 사회적 동물이라는 사슬은 벗어나고 싶어도 벗어날 수 없다. 어차피 관계를 유지하며 살아야 한다면 좋은 인간관계를 맺어 행복한 삶을 사는 것이 좋지 않겠는가?

특히 30대와 40대는 인간관계 자체가 경쟁력과 이어지기 때문에 '공부'를 해서라도 습득해야 한다. 좋은 인간관계를 맺고 싶다면 다음에 제시하는 세 가지를 공부하자. 조금만 노력하면 누구나 실천할 수 있는 것들이다.

첫째, 내가 대접받고 싶은 대로 남을 대접하라

요즘은 남이야 어쨌든 나만 대접받아야 한다는 극도의 이기주의가 팽배해 있다. 무엇이든지 독차지하려는 욕심이 원인이다. 이런 생각을 가진 사람들이 세상을 활보한다면 우리가 살고 있는 세상은 웃음기 없는 살벌한 세상이 되고, 요구만 하는 주인과 주인의 요구에 무조건 따라야 하는 종의 관계만 존재하는 이상한 세상이 된다.

대접을 받고 싶으면 먼저 눈을 크게 뜨고 마음을 열고 상대에게 관심을 가져라. 그리고 상대방에게 먼저 다가가라. 그럴 때 상대가 나에게 다가오고 진정으로 내가 대접을 받는 순간이 올 것이다. 세상은 거울을 보는 것과 같다. 내가 다가서면 상대가 다가서고, 내가 눈을 뜨면 상대도 눈을 뜬다. 집에 찾아오는 친구를 귀찮아하면서 친구의 집에 갔을 때 환영받을 것을 기대하지 마라.

신용이란 사물이나 사람을 진실로 틀림없다고 믿으며 어떤 말이나 행동도 의심하지 않고 받아들이는 것이다. 이런 신용은 거울과 같은 것이라서 한 번 깨지면 다시 이어붙일 수 없고 한번 잃으면 회복하기가 어렵다.

특히 사업하는 사람에게 신용은 생명이다. 상품 이상의 가치를 발휘하는 무형의 자산이다. 기업의 브랜드 가치와 직결되어 여타의 다른 프로젝트나 제품을 통해서도 그 가치를 인정받는 배경이 된다.

우리 사회의 거래는 대부분 신용을 바탕으로 이루어진다. 그런데 이런 믿음을 손바닥 뒤집듯이 저버리는 사람들이 있다. 면전에서는 간을 빼줄 것처럼 행동하면서 뒤돌아서서 뒤통수친다. 신용이라는 거울을 다시는 사용할 수 없도록 깨버리는 사람들이다.

거래에서는 신용이 유지되는 한 의심을 받지 않는다. 그러나 한번 신용을 잃어버리면 콩 심은 데 콩이 난다고 해도 아무도 그 말을 믿지 않는다. 일단 의심의 눈초리를 보낸다. 신용을 얻으려면 약속을 철저히 지켜라. 그것이 납기, 제품의 질과 수량이 될 수도 있다. 그 어떤 것이라도 약속한 것은 반드시 지켜라. 약속을 잊는 것은 건망증이 아니다. 습관이다. 아무리 신용이 있다는 사람이라도 약속을 자주 어기면 신용을 잃는다. 그렇기에 지키지 못할 약속은 처음부터 하지 마라.

셋째, 말하는 방법을 공부하라

이 시기는 활동이 왕성할 때다. 많은 경험을 하고 그것을 자신의 자산으로 만든다.

이 시기에 왕성하게 활동하고 활동 경험을 제대로 정리한 사람은 말할 때 그 위력이 나타난다. 자신감이 있으면서 겸손하다. 날선 검이 공기를 가르듯 심플하고 예리하다. 경험이 많은 어른이 말하듯 중후하면서 단호하다.

반면에 알고 있다는 것을 알리고 싶어 말이 길어지고 잔소리를 하게 된다. 자칫 잔소리꾼, 궤변가가 될 수 있다. 말하는 것, 즉 언어로 자신의 의사를 표현하는 것은 저절로 잘되는 것이 아니다. 만사가 그렇듯이 공부하고 노력해야 한다.

제때 말하라. 우물쭈물하다 자신이 말해야 할 때를 놓치지 마라. 결론이 난 후에 말해봤자 불평밖에 되지 않는다. 어떤 일이 있어도 해야 할 말이라면 기회를 놓치지 말라.

핵심에 접근하라. 중언부언하지 마라. 내가 전달하려고 하는 것은 짧게 말해도 상대방이 이해한다. 결론을 먼저 말하고 이유와 대책을 설명하라. 바쁜 세상이다.

잘 들어라. 잘 듣지 않는 사람, 듣기도 전에 말을 자르고 결론을 말하는 사람들은 상대의 마음을 얻지 못한다. 유능한 경영자는 열심히 듣는다. 중간에 개입하지 않으려고 애를 쓴다. 자신이 알고 있는 것이 정확한 정보인지 확인하며 어떤 아이디어가 나올지 귀를 기울인다. 이런 사람이 상대의 마음을 얻는다.

마지막으로 목소리와 제스처를 연습하라. 미국의 사회심리학자 앨버트 메라비언(Albert Mehrabian)은 사람이 의사소통을 할 때 목소리, 표정, 태도가 가장 많은 비중을 차지한다고 했다. 아무리 좋은 내용으로 상대와 이야기하려 해도 목소리, 표정, 태도가 좋지 않으면 전하려는 메시지가 전달되지 않는다는 의미다.

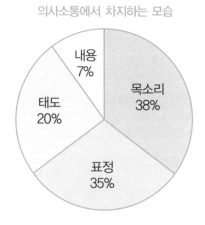

의사소통에서 차지하는 모습

CRAZY. 30대와 40대에는 타인을 이끄는 공부를 해라.

현역의 정점, 50대

50대는 산전수전을 겪으며 인생의 쓴맛과 단맛을 맛본 강하고 담대한 시기다. 직장인은 임원 등 경영자로서 활동할 때이며, 사업의 지속 여부를 결정할 노련한 전문가로서 최고의 연봉을 받을 때다.

50대는 피 끓는 청춘은 아니지만 그렇다고 허약한 노인도 아니다. 20대의 팔팔한 마음과 50대의 노숙한 마음이 마음 한 켠에 거주하며 때로는 앞으로 내지르고, 때로는 관망하며 숨을 고른다. 모든 걸 내던지고 편하게 살 수 있는 나이기도 하지만 더 많은 일과 책임을 떠맡아야 하는 세대기도 하다.

쉰 살이 넘으면 나이를 앞세우려는 유혹이 뒤따른다. 나이도 있고 그에 따른 권위도 있지만, 그럴수록 나이로 권위를 유지하려는 마음을 버려야 한다. 이 시기에 발생하는 가장 큰 문제점은 새로운 세대와 소통이 안 된다는 것이다. 혹자는 권위 때문에 접근하지 못하고, 혹자는 시대의 흐름을 몰라서 소통을 못 한다. 정말 선배로서 도움을 주고 싶다면 소통하고 새로운 지식과 정보를 재충전해야 한다. 정보를 재충전하는 공부가 필요한 이유다.

정보화로 인해 지식은 그 수명이 빠르게 단축되고 어제의 지식이 오늘은 구닥다리가 되어간다. 천동설이 지동설로 바뀌듯, 오랫동안 공들여 쌓은 지식이 잘못된 지식으로 둔갑하기도 한다. 특히 지식 노동자는 기존 지식을 지속적으로 업데이트하지 않으면 현실을 따라 잡기 힘들다. 새로운 지식이 끊임없이 출몰하기 때문이다.

이 시기에 가장 익숙하고 간단한 공부 방법은 독서를 하고 강연에 참석하는 것이다. 독서가 '필요한 책을 구입해서 읽으며 몰랐던 것을 스스로 알아나가는 독학'이라면, 강연은 '짧은 시간에 새로운 정보와 지식의 핵심만을 배울 수 있는 요점 정리'다.

강연 중에 조찬 세미나라는 것이 있다. 일과 시간에는 별도로 시간을 내기가 어려운 경영자들이 즐겨 찾는 모임으로, 대부분 최고의 전문가나 교수들을 초빙한다. 그들로부터 최근의 트렌드, 경제, 인문학, 철학, 기업가 정신, 경영의 노하우, 인재 경영, 의사 결정, 협상의 방법, 경쟁력 강화, 갈등 처리 및 소통의 방법 등을 배우고, 덤으로 지적 · 인적 네트워크를 구축하기도 한다.

이런 조찬 모임은 성공을 원하는 경영자나 성공한 경영자들이 선호하는 공부 방법이다. 아직은 조찬 강연에 갈 처지가 못 된다면 일을 끝내고 밤중에 갈 수 있는 곳을 찾아보라. 찾아보면 도처에 강연회나 세미나가 당신의 공부를 도와주려고 기다리고 있음을 알게 된다.

나도 조찬 세미나에서 강연을 많이 한다. 이른 새벽부터 쉰 살을 훌쩍 지나 머리가 백발인 노인들이 의외로 많이 참석한다. 전문가들이 강연하는 야간 세미나에 수강생으로 참석하기도 한다. 청년이 대다수를 차지하지만 중년을 넘어 백발노인까지도 청년들과 같이 머리를 맞대고 공부하고 있는 것을 볼 수 있다. 이미 소통이 일어나고 있는 것이다.

요즘 직장에서 50대는 고령자다. 20대 신입사원의 입장에서는 부모님과 비슷한 또래의 사람이다. 직장 상사가 아닌 가족이나 동네 아저씨라면 말이 안 통할 정도로 세대 차이가 난다고 생각할 수 있는 사람이다.

이런 50대가 직장 생활을 시작할 때는 '직장은 가정처럼', '평생직장'이라는 현수막이 회사 입구에 걸려 있었다. 연공서열에 따라 승진과 보수가 결정되었다. 과오만 없으면 자동 승진되었다. 지금은 평생직장이라는 말이 없어졌다. 나이가 더는 존경의 대상이 되지 않는다. 오직 성과와 실력만이 인정받는다.

'장'이라는 이름이 붙은 자리에 앉기 힘든 시대다. 과장, 부장급이 사원과 책상을 나란히 하며 팀장의 지시를 받는 담당자 역할을 한다. 더욱이 임원이 되는 건 하늘의 별따기다. 그래도 육체는 아직 쓸 만하다. 잘 관리된 사람의 육체는 30~40대 못지않다. 직장을 그만두고 밖으로 나오기에는 젊은 나이다. 은퇴자 집단에 얼굴을 내밀기에도 쑥스럽다.

서울의 파고다공원이나 종묘공원에 가면 어린 아이 취급을 받을 것이다. 충분히 일할 수 있으며 새로운 출발을 할 수 있다. 공부할 수 있는 좋은 때다. 완전히 새로운 분야보다 경험한 것을 정리해서 체계화하고 거기에 최신 이론과 방법을 접합하라. 전문 서적, 협회 또는 학교를 통해 정식으로 전문 분야를 공부해라. 그리고 정리된 경험과 이론을 자신만의 고유한 지식으로 만들어라. 경험과 이론이 접목된 지식은 살아 있는 지식이 된다.

A 씨는 고등학교를 졸업하고 전자회사에서 생산직 사원으로 직장 생활을 시작했다. 마흔 살에 접어들었을 때는 경영혁신 팀에서 근무했다. 당시 회사에서는 TPM(Total Productive Maintenance 생산 보전) 운동을 하고 있었다. 생산 부문의 혁신 담당자가 필요했던 회사에서는 현장 경험이 풍부한 A 씨를 발탁하여 임명했다. A 씨는 경영혁신팀에 근무하면서 자신이 지도하고 있는 혁신 사례를 일기 쓰듯 매일 노트에 정리했다. 여러모로 능력을 인정받은 그는 해외 사업장에 출장 가서는 현지인을 지도했고, 협력 업체에서도 그를 초빙하여 현장 지도를 받는 등 TPM 전문가로서의 위치를 확고히 굳혔다.

50세가 되면서 그는 희망퇴직을 신청하여 20여 년을 근무한 회사를 떠났다. 퇴직 후 1년 동안 전문 협회에서 TPM 전문 컨설턴트 교육을 받았다. 그리고 같은 분야에 종사하던 사람들을 모아 공장 혁신을 주제로 하는 컨설팅 회사를 설립했다.

이미 중소 관련 업체에는 전문가로 소문이 나 있어서 바로 수주하여 일을 시작했다. 10년 이상의 현장 경험을 바탕으로 지도한 공장은 확실히 변했다. 기계의 고장이 감소하고 불량이 줄어들었다. 더욱이 중국, 동남아 등 해외 공장도 지도하며 전문 컨설턴트로서 활발히 일하고 있다.

A씨는 가장 자신 있는 분야를 체계화하여 지적 재산으로 만들었다. 그는 준비 없이 직장을 그만두고 생전 경험해보지도 않은 식당을 개업했다가 1년도 안 돼 문을 닫는 선배들과, 하는 일 없이 방황하는 동료들을 보면서 자신의 경험 지식을 활용하지 못하는 것을 안타까워했다.

50대라면 어떤 분야에 종사하든지 그 분야에서 쌓은 전문성이 있을 것이다. 이미 전문가로 활동하는 사람도 있을 것이다. 전문가들과 당신을 비교해보라. 크게 차이가 나지 않을 것이다. 전문가들이 말하는 것은 당신이 알고 있는 것이고 당신이 눈을 감고도 할 수 있는 일이다. 다만 차이라면 그들은 경험을 체계화했으며 새로운 지식을 받아들여서 이론으로 만들었다는 것뿐이다. 그리고 그 이론을 막힘없이 말한다.

이제 당신의 자존심을 걸고 지금까지 해오던 분야를 체계화하여 이론으로 정리해보라. 1년 후면 그 경험을 활용하여 새로운 사업을 할 수 있다. 컨설턴트, 아웃소싱, 전문 강사 등 원하는 사업을 정하고 1년간 미친 듯이 공부해보라. 책 속에 숨어 있는 길이 보이고 공부가 재미있어진다. 새로운 사람이 될 뿐만 아니라 말하는 자세도

달라진다. 사람들의 움직임이 새삼스러워진다. 일하고 있는 분야의 트렌드가 보인다.

체계화된 지식의 눈으로 바라보면 고객, 제품, 경영 이념, 사람들의 행동, 각종 제도, 수주에서 출하까지의 프로세스, 현실과 이론의 차이, 새로운 아이디어, 개선점 등이 눈에 보인다. 전문가가 되었다는 증거다. 무대를 퇴장하는 것이 아니라 전문가로서 새롭게 출발하는 것이다.

CRAZY. 50대에는 전문가가 될 공부를 하라.

이렇게 새로운 지식을 받아들일 자세가 되었다면 아웃풋(Output)을 하라. 머릿속에 이미 자리잡은 경험과 새로운 지식이 합해져 독특한 지식 체계가 형성되었을 것이다. 그 지식 체계를 머릿속에 두는 것은 사회적으로 아무 도움이 되지 않는다. 아웃풋을 해서 타인이 그 열매를 먹을 수 있도록 하라. 그러려면 제대로 공부해야 한다.

| 60대 이후, 결과를 남겨라

평균수명이 길어졌다. 그만큼 50세 이후에 살아갈 날도 길어졌다. 50세부터 80세까지 산다면 30년이란 세월을 더 살아야 한다. 지금까지 앞만 보고 살아왔던 것 이상으로 많은 시간을 다시 맞이해야 한다. 길고도 긴 새로운 도전의 시간이 눈앞에 펼쳐졌다.

성인이 된 후 30년 이상 일하고 저축하며 가정을 꾸려왔다. 이제는 경제적·시간적 여유가 생겼다. 지금까지의 삶은 가족에게 치중된 의무가 많은 부분을 차지했지만 이제 그 의무에서 어느 정도 벗어날 수 있는 나이다. 하고 싶어도 할 수 없었던 속박된 삶을 벗어나, 하고 싶은 것을 할 수 있는 자유로운 세상에 나온 것이다. 더욱이 그동안 하지 못했던 공부, 하고 싶었던 공부를 시작할 수 있는 최적의 타이밍이 눈앞에 다가온 것이다.

60대가 되었지만 경제적·시간적 여유 없이 바쁜 삶을 살 수도 있다. 지금 한창 현장에서 땀을 흘리고 있는 60대라면 40대나 50대에 대한 조언 부분을 참고하라. 지금 나는 물리적 나이를 보고 조언하는 것이 아니다. 일반적인 카테고리를 상정해서 하는 조언이니, 스스로 자신을 파악해 길을 찾아야 한다.

의무이기 때문에 공부하는 것이 아니라, 하고 싶기에 공부할 때 그 진가가 나타난다. 하고 싶을 때 하는 공부는 꼬리에 꼬리를 물듯 새로운 것을 물고 온다. 파면 팔수록 깊은 곳에서 달콤한 샘물이 쏟아져 나오는 듯하다. 공부하고 있다는 그 자체가 행복하고, 지금 공부하는 자리에 있다는 것에 감사하게 된다.

이 나이에 새삼스럽게 무슨 공부냐며 비아냥거리지 마라. 이 나이기 때문에 할 수 있는 공부도 있다. 허망하고 무료하게 시간을 보낼 것인가? 수십 년을? 실제 과거에는 우리나라의 평균수명이 60세도 채 안 되었기 때문에 무엇을 시도할 만한 충분한 시간이 없었을지도 모른다. 그래서 아무것도 하지 않고 소일이나 하며 보내는 경우가 많았다. 그 관행은 평균수명이 70세일 때도 이어졌고, 지금까지도 여전하다. 평균수명이 20년 이상 늘었는데, 그 20년 동안 할 만한 일에 대한 데이터가 쌓이지 않은 것이다. 쉽게 말해 뭘 해야 할지 모르는 상황이다.

지금 여기서 답을 제시하겠다. 공부를 하면 된다.

한 여론조사 기관에서 연령대별로 후회하는 것이 무엇인지 조사한 적이 있다. 조사 결과를 보면 거의 대부분의 연령대에서 '공부 좀 할걸'이 고르게 상위권을 차지했다. 후회가 되는데 왜 하지 않는 것일까? 이제 이 말을 바꿔야 한다. '공부 좀 할걸'이 아니라 '공부나 하면 되겠네'라고 말이다.

지난날을 후회하며 허송세월하지 말자. 그때는 그때대로 최선을 다했다. 그 최선의 시간들이 있었기에 지금이 있는 것이다. 지난날을 후회할 시간에 최선을 다한 지난 세월이 있었음을 상기하라.

'공부 좀 할걸'이라는 생각이 들었다는 건 세월이나 경험으로도 해결할 수 없는 지식이 있었다는 얘기다. 실용적인 지식이든 비실용적인 지식이든 어떤 것이라도 상관없다. 공부하자. 시, 소설, 인문 서적 등 어떤 것이라도 좋다. 마음이 가는 것을 선택해서 1년간 공부해보라. 미친 듯이 공부에 빠져들어라. 보고 싶었던 세상, 궁금했던 것들이 당신을 반길 것이다. 당신이 그렸던 것 이상의 아름다운 세상이 눈앞에 나타날 것이다.

조희옥 할머니는 2014년 82세의 나이로 수능 시험에 도전했다. 두꺼운 안경을 쓰고 고3 수험생의 길을 역류한 것이다. 어려운 가정 형편 탓에 초등학교를 졸업하고 봉제 공장에서 일한 그녀는 생활고에 시달리면서도 늘 학교가 그리웠다고 한다. 그녀는 봉제 공장에서 배운 기술을 바탕으로 전통 의상을 만드는 디자이너가 되는 것이 꿈이라고 했다.

"배우지 않는 것은 밤길을 걷는 것과 같습니다. 죽을 때까지 배워야죠. 행복이란 마음먹기 나름입니다."

혹자는 80세를 넘긴 노인이 무슨 배움이 필요할까 하고 생각한다. 그 나이에 무슨 공부를 한다고 극성을 부릴까라고 말할 수도 있다. 그러나 20대 청춘이나 80대 노인이나 마음속에 꿈을 품고 있는 것은 같다. 사람에 따라 강도의 차이는 있을지언정 꿈을 이루고자 하는 마음은 똑같다는 의미다. 늦었다는 핑계로 그 꿈을 억눌렀을 뿐이다.

지금 시작해도 결코 늦지 않았다. 충분히 배울 시간이 있다. 혹시 배우기에는 늦었다고 생각하거나, 배워도 앞길이 보이지 않는다며 배움을 포기했었다면 인생의 말년에 배움의 장에 뛰어든 조희옥 할머니를 보면서 배움에 한번 미쳐보라. 딱 1년의 기간을 정해서 미친 듯이 공부해보라.

50대까지의 공부는 일부 '복 받은 사람'을 제외하고는 취업, 승진, 창업 등 특정 결과를 노리는 경우가 많다. 혹은 성과를 남기려고 공부한다. 성과란 피드백이며 공부를 지속할 동기다. 그런데 60대 이후의 노년에는 오로지 공부의 즐거움을 느끼라고 흔히들 이야기한다. '공부 = 행복'이라고 강요하는 꼴이다.

사실 60대 이후의 공부도 보상이 있어야 보람을 느낀다. 현실적으로 60대 이후의 공부를 보상할 시스템이 없기는 하다. 그래서 나는 60대 이후에는 책을 한 권 남긴다는 마음가짐으로 공부할 것을 추천한다. 60대 이후에 시작한 공부는 뭔가 다르다. 긴 세월을 살면서 쌓은 경험과 감정 위에 새로운 지식이 얹히면 전혀 다른 지식이 된다. 기존에 알던 것을 공부하면 전문가 중 전문가가 된다.

예전에는 마을에 큰일이 생기면 마을에서 가장 나이 많은 어르신을 찾아가 지혜를 구했다. 지금은 그런 커뮤니티가 없다. 과학기술이 너무 빠르게 발전하다 보니 젊은 층이 노년의 지혜를 무시하는 경향이 생겼다. 그래서 책이 중요하다.

노년은 오랜 기간 쌓인 지혜를 책으로 전달함으로써 보람을 찾을 수 있다. 지혜를 책으로 남기면 젊은 층이 그들의 이야기를 읽으며 자신의 지식과 합해 새로운 방향으로 나아가게 할 수 있다. 현대 경영학의 창시자 피터 드러커 교수는 노년에도 2년에 한 권씩 주제가 다른 책을 쓰고 활발한 강연 활동을 했다. 드러커는 "나이가 들고 성숙해지면 세상의 변화에 맞춰 그 답이 달라져야 한다"고 했다.

책 집필을 목표로 잡고 실행하면 또 다른 부수적인 이득을 얻을 수 있다. 과연 어떤 것들이 있을까?

첫 번째 이득은, 집필 자체가 공부가 된다는 것이다. 온전히 자신의 생각만으로 하나의 책을 완성하기는 힘들다. 자신의 생각에서 부족한 부분을 채우려고, 또 자신의 생각이 맞는지를 확인하려고 다른 사람의 지식을 들춰보게 된다. 이전에 비슷한 생각을 했던 사람의 책을 찾아보고 인터넷이나 잡지를 뒤져본다. 그런 지식과 자신의 생각을 정리해야만 책이 탄생할 수 있다.

만유인력의 법칙을 정리한 아이작 뉴턴은 "나는 거인의 어깨 위에 앉았기 때문에 더 멀리 내다 볼 수 있었다"라고 말했다. 그 말은 그의 생각이 혼자만의 것이 아니었다는 뜻이다. 노년도 모든 것을 알지 못한다. 이전에 살아온 거인의 어깨에 올라탈 필요도 있다. 나도 이 책을 집필하면서 내 생각을 확인하고 부족한 부분을 보충하기 위해 이전 거인의 지혜를 빌렸다. 이 책에는 거인의 이야기가 실려 있다. 그렇게 했기에 이 책은 더 나은 책이 되었고, 나도 '더 나은 사람'이 되었다.

두 번째 이득은, 뇌를 활발히 사용하게 해서 뇌 건강을 지켜준다는 것이다. 미국 알버트 아인슈타인 의대의 찰스 홀(Charles B. Hall) 교수팀은 75세 이상의 노인 488명을 대상으로 각종 정신활동이 치매 발생에 얼마나 영향을 미치는지를 연구·조사했다. 이 기간 동안 488명 중에 101명이 치매 진단을 받았다. 이를 바탕으로 정신적 취미 활동과 치매 발생과의 관계를 분석했다.

그 결과 정신 활동을 활발히 한 노인이 훨씬 늦게 치매에 걸린다는 것을 발견했다. 특히 가장 효과가 좋은 것은 독서 활동이었다. 독서는 스트레스를 받지 않으면서 상상의 나래를 펼치는 활동이다. 거기에 집필까지 더하면 더욱 활발한 뇌 활동이 일어난다.

세 번째 이득은, 자아실현이라는 보상을 받는 것이다. 아리스토텔레스는 '사람의 삶은 자아실현을 위한 자아의 잠재적 가능성을 실현하는 과정'이라고 했다. 인간에게는 자아실현의 욕구가 있다. 자아실현의 욕구는 자신의 가능성을 최대한 발휘하여 멋있는 삶을 살려는 욕구다. 인간의 욕구 중 자아실현의 욕구를 최상의 단계라고 표현한 심리학자 매슬로(Abraham Harold Maslow)는 자아실현의 욕구를 '가능한 모든 것이 되어보려는 욕망'이라고 표현했다. 끝이 없다는 말이다.

매슬로는 인간의 욕구를 5단계로 구분해 설명했다. 1단계 생리적 욕구, 2단계 안전의 욕구, 3단계 소속과 애정의 욕구, 4단계 자기존중의 욕구, 5단계 자아실현의 욕구가 그것이다. 욕구 5단계의 핵심은 하위 단계의 욕구가 충족되면 다음 단계의 욕구로 넘어가며,

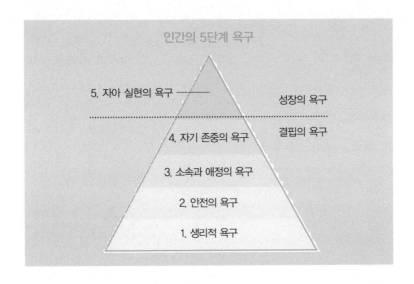

인간의 5단계 욕구

5. 자아 실현의 욕구 ——————
성장의 욕구

결핍의 욕구

4. 자기 존중의 욕구

3. 소속과 애정의 욕구

2. 안전의 욕구

1. 생리적 욕구

만족된 욕구는 더 이상 동기 부여의 요인이 되지 않는다는 것이다.

매슬로는 5단계의 욕구를 결핍의 욕구와 성장의 욕구로 구분한다. 1단계 생리적 욕구부터 4단계 자기 존중의 욕구까지는 결핍의 욕구다. 모자라는 욕구이기에 충족되면 그것으로 완성되는 것이다. 그러나 5단계 자아실현의 욕구는 성장의 욕구다. 채워지는 것이 아니라 뻗어나가는 욕구다. 성장할수록 더 성장하고 싶은 욕구다. 한계가 없다. 욕구가 충족될수록 그 욕구가 오히려 더 강해진다. 대기권에 머물러 있지 않고 그것을 벗어나서 한없는 우주로 가고자 하는 마음이다.

지금까지 잘살아온 노년이라면 4단계 욕구까지는 어느 정도 충족이 됐을 것이다. 그러니 그다음 욕구로 나아가야 한다.

자아실현이란 백지에 새로운 것을 계속 채워가는 과정이다. 한쪽이 채워지면 다른 여백이 보인다. 채우고 또 채우며 여백을 찾아 계속 채운다. 그리고 삶이란 무한히 넓은 백지 같은 우리의 마음을 배움으로 끝없이 채워나가야 하는 자아실현 과정이다. 배움이란 끝이 없다는 말이다.

그런데 책은 물성(物性)이 있다. 책 자체가 자기실현을 했다는 증거다. 저자란에 자신의 이름이 박혀 있는 것을 보면 새로운 감동이 몰려들고 다음 책을 써야겠다는 욕구가 생긴다.

CRAZY. 노년에는 지혜를 책으로 남겨라.

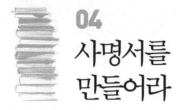

04
사명서를
만들어라

글쓰기로 정리하자

　무엇을 공부할지 대략 정했다면 이제는 그 마음을 정리할 시간이다. 마음은 어떻게 정리해야 할까? 글쓰기를 하면 된다.

　글쓰기를 하면 마음이 생생히 보이기 시작한다. 소중한 것이 보인다. 그러면서 생각이 정리된다. 글을 쓰다 보면 많은 생각들이 자기의 실제 생각과 다르다는 것을 발견하고 깜짝 놀라곤 한다. 우리는 스스로가 논리적이라고 자부하지만 사실 생각은 논리의 흐름과 상관없이 무작위로 일어난다. 사후에 그것을 논리적으로 정리하는 것뿐이다. 비논리적인 생각이나 계획은 당연하게도 실천할 수 없는 계획이다. 글로 생각을 써보면 비논리적인 면이 쉽게 눈에 띄기에 잘못된 계획을 잡아낼 수 있다.

또한 글쓰기를 해보면 무엇에 집중해야 할지를 명확히 알 수 있다. 학창 시절에 어떤 글을 읽고 주제와 소재가 무엇인지 찾아내는 훈련을 해봤을 것이다. 자신의 글을 앞에 두고 주제와 소재를 찾아보자. 자신의 글에서 발견한 주제가 바로 내가 앞으로 집중해서 해야 할 일이다.

생각을 정리하는 것 자체가 공부의 시작이다. 글을 쓰면 내 생각에서 모자란 부분과 비논리적인 부분이 쉽게 발견되고, 그 부분을 채우려고 자료를 찾고 독서를 더 한다. 그리고 현장으로 떠나 그곳에서 새로운 사람을 만난다. 그렇게 생각을 글로 완벽히 정리하면 내 인생의 계획은 완료된 것이다.

그러면 어떤 글을 써야 할까? 자신을 파악해서 미래로 나아가는 토대로 삼으려는 글은 단순한 일기 그 이상이다.

먼저 자기소개서를 써보자. 자신이 어떻게 살아왔는지를 쓰고, 정신적·육체적으로 현재 상태는 어떠한지 쓰자. 그리고 앞에서 정리한 하고 싶은 일, 하려는 일을 자기소개서에 정리하자. 이 자기소개서를 가지고 있다가 읽어보고 그동안 생각이 바뀐 것이 있다면 틈틈이 수정하라. 지금 가지고 있는 자기소개서가 오롯이 나 자신을 대변하는 것이어야 한다. 그래야 앞으로 나아갈 방향이 명확해진다. 비논리적인 부분이 있으면 찾아서 논리적으로 만들어라.

자기소개서는 미래를 위해 쓰는 것이다. 자신의 과거를 반성하기보다 미래에 어떤 사람이 되고 싶으며, 왜 그렇게 생각하는지를 과거의 경험을 들춰내서 말하는 것이다.

자기소개서는 다음과 같은 순서로 구성하는 것이 좋다.

❶ 무엇이 되고 싶은가?

❷ 왜 그렇게 되고 싶은가? (과거의 경험)

❸ 그 목표를 향해 가는 데 있어 자신에게 어떤 장점과 단점이 있는가?

예를 들어 아래의 간단한 자기소개서는 희망, 과거, 장단점, 미래 계획이 들어있다.

난 사람들에게 용기를 주는 작가이자 강연가가 되고 싶다.

어렸을 때 난 매우 수줍음이 많은 사람이었다. 혼자 방에서 책 읽는 것을 좋아했다. 운동을 못해서 친구들과 놀 때면 뒤떨어지기 일쑤였다. 그래서 더더욱 혼자 있었다. 최근까지도 그때 잃어버린 자신감을 회복하지 못해서 직장 생활을 하면서도 소극적으로 활동했다. 회식을 두려워할 정도였다.

그러던 중 《콰이어트》란 책을 읽었다. 내성적인 사람은 외향적인 사람과 다르게 준비 기간이 좀 더 필요하며, 충분히 준비한다면 외향적인 사람보다 더욱 큰 성과를 낼 수 있다는 이야기에 마음이 끌렸다. 가슴이 뛰었다. 뭔가 희망을 본 느낌이었다. 이 느낌을 세상 사람들에게 전달하고 싶다.

나는 학생 때도 곧잘 글을 써서 여러 번 상을 받은 적이 있다. 세상 사람들에게 말을 거는 가장 좋은 수단인 글을 잘 쓴다는 건 큰 장점이다. 다만 사람들 앞에 서서 말하는 건 지금도 약간 두렵다. 스피치 학원에 등록해서 두려움을 없애는 훈련을 해봐야겠다.

이렇게 자기소개서를 쓰면 자신의 현재 상황이 정리된다.

글을 쓰는 건 어렵지 않다

인생 계획을 짜는 것도 어려운데 이제 글까지 쓰라고 하니 당황한 사람이 적지 않을 것이다. 하지만 글쓰기는 몇 가지 테크닉만 있으면 그리 어렵지 않다. 현재 젊은이들의 감성에 호소하는 소설로 각광받고 있는 일본의 소설가 무라카미 하루키에게 한 독자가 질문했다.

"작가님, 안녕하세요. 늘 재미있게 당신 책을 읽고 있습니다. 저는 현재 대학원생으로 리포트든 발표 원고든, 교수에게 보내는 메일이나 편지든 어쨌든 많은 글을 쓰지 않으면 안 됩니다만 아무리 생각해도 글 쓰는 게 너무 형편없습니다. 하지만 쓰지 않고서는 졸업도 할 수 없어 곤란하기 때문에 어쩔 수 없이 낑낑대며 하고 있습니다. 글을 좀 더 쉽게 쓸 방법이 없을까요? 부디 작가님의 글짓기 방법을 알려주십시오."

하루키는 질문한 독자에게 이렇게 답했다.

"글을 쓴다는 것은 여자를 말로 꾀는 것과 같아서 어느 정도까지는 연습으로 잘할 수 있지만 기본적으로 재능을 가지고 태어나야 합니다. 뭐 어쨌든 열심히 하세요."

하루키는 이전에도 "소설가에게 가장 중요한 자질은 말할 나위 없이 재능이다. 문학적 재능이 전혀 없다면 아무리 열심히 노력해도 소설가가 되기는 어려울 것이다. 이것은 필요한 자질이라기보다는 오히려 전제 조건이다"라고 그의 책에서 밝힌 적이 있다.

이 말만 들으면 글쓰기는 소질이라 나중에 개발하는 것이 불가능할 것 같다. 물론 문학작품은 '영감'이라 부르는 고유의 톤(tone)이 없다면 쓰기 힘들 것이다. 하지만 지금 우리가 해야 할 것은 논리적인 글쓰기다. 하루키에게 질문한 대학생도 문학작품을 쓰겠다는 것이 아니고 리포트 쓰는 법 등 논리적인 글쓰기법을 물어본 것인데, 하루키가 조금 과하게 말하지 않았나 싶다.

먼저 글 쓰는 것에 대한 두려움을 버려라. 유명 작가들도 처음부터 글을 잘 쓴 것은 아니다. 시작이 반이란 말이 이럴 때 필요하다. 일단 글쓰기를 시작하라. 시작하면 글이 써진다. 첫술에 배부를 수 없음을 명심하라. 쓰고 또 써라. 쓰고 나면 고치고 또 고쳐라. 생각했던 것과 다른 글이 되더라도 상관하지 말고 써라. 그리고 자주, 매일, 언제나 써라.

나는 보통 다음과 같이 순서를 정해놓고 글을 쓰기 시작한다.

첫째, 주제를 정한다.

현재 정할 주제는 아마도 '나의 삶'일 것이다.

둘째, 주제에 대해서 생각하고 메모한다.

식사를 하면서, 화장실에서 볼일을 보면서, 책상에 앉아서, 전철을 타고 가면서, 길을 걸어가면서, 잠자리에 들면서까지 주제를 어떻게 풀어갈지 생각한다. 그리고 메모한다. 생각만 하고 메모하지 않으면 생각났던 아이디어가 사라진다. 자칫 잊어버린 아이디어를 생각하느라 다른 것을 생각할 기회를 놓칠 수 있으니 생각난 것은 일단 종이에 적고 본다.

셋째, 메모한 것을 중심으로 주제에 맞게 정리한다.

제목을 쓰고 서론, 본론, 결론의 3단계로 구분한다. 각 단계별로 들어갈 에피소드를 정하고 종이에 글을 쓴다. 글을 쓸 때는 만년필을 사용하는데, 매끄럽게 잘 써지는 볼펜을 사용하기도 한다.

넷째, 종이에 쓴 내용을 컴퓨터로 옮긴다.

처음부터 컴퓨터로 글을 쓰는 사람들이 있다. 그러나 나는 펜을 들고 종이에 쓸 때 집중이 잘되어 이런 방법을 사용하고 있다.

손으로 직접 쓰면 시스템2라는 사고방식을 깨운다. 간단히 말하자면, 인간은 직감과 숙고라는 두 가지 방식으로 사물을 판단한다. 여기서 직감을 시스템1이라 하고 숙고를 시스템2라고 한다. 심리학자 대니얼 카네먼은 손으로 글씨를 쓰거나 약간 불편한 상황일 때 시스템2가 깨어난다고 했다.

손으로 글씨를 쓰면 생각의 속도보다 손의 속도가 느리기 때문에 생각을 더 많이 하게 돼서 이성적인 글쓰기를 할 가능성이 높다. 그래서 손으로 글을 쓰기를 장려하는 것이다. 시스템1과 시스템2에 대한 이야기는 3장에서 조금 더 깊이 이야기할 것이다.

다섯째, 컴퓨터에 정리한 글을 소리 내어 읽어본다.

소리 내어 읽다 보면 내용에 대한 잘잘못이 나타난다. 정보에 대한 의심이 생기면 바로 인터넷으로 검색하여 확인한다. 이때 생각하지 못했던 정보를 접할 수 있고 새로운 아이디어도 떠오른다. 이런 과정을 거치면서 앞뒤를 조정하고 쓸데없는 것은 버리며 글쓰기를 마무리한다.

특히 표현력이 부족한 사람은 말하고자 하는 내용을 글로 정리해보길 바란다. 글로 정리하다 보면 횡설수설하는 버릇이 사라진다. 중복된 것과 주제와 관계가 없는 것을 정리하게 된다. 이렇게 완성된 글을 웅변대회에 나간 사람처럼 말해보면 표현력이 좋아진다. 말하는 내용에 조리가 있고 풍성한 에피소드로 대화를 리드할 수 있게 된다.

글쓰기를 하면서 하나 더 추가할 것은 자신의 비전도 글로 표현해보는 것이다(사명서). 글로 표현된 자신의 비전을 계속 수정하라. 글자를 수정할 수도 있고 내용을 바꿀 수도 있다. 이렇게 글쓰기를 하며 현실과 미래에 대해 생각하고 인생의 밑그림을 하나둘 완성해 나가는 것이다.

│ 사명서를 써라

사명서란 말이 생소할 것이다. 영어로는 'Mission Statement'다. 사명 선언문이라고 풀어서 말하기도 한다. 그러니까 사명서는 말 그대로 사명을 선언하는 문서다.

사명이란 '어떻게 살아갈 것인가'를 고민해서 나오는 생각이다. 지금까지 우리는 그 고민을 해왔다. 내가 누구인가를 살펴보았고, 내가 무엇을 하고 싶은가도 돌아보았다. 그래서 지금 무엇을 하면 좋을지까지 생각했다. 그것이 모두 '어떻게 살아갈 것인가'라는 질문에 포함되어 있다.

우리는 이 책을 읽는 동안 '어떻게 살아갈 것인가'를 잠깐 고민했지만, 이 고민은 앞으로 살면서 지속되어야 한다. 그때 사명서를 읽으면 인생의 방향이 잡힌다. 이미 어떻게 살아갈 것인가를 고민해서 쓴 것이 사명서이기 때문이다.

다음은 인도 독립의 아버지. 마하트마 간디의 사명서다.

나는 지상의 어느 누구도 두려워하지 않을 것이다.
나는 오직 신만을 두려워할 것이다.
나는 누구에게도 악한 마음을 품지 않을 것이다.
나는 누가 뭐래도 불의에 굴복하지 않을 것이다.
나는 진실로 거짓을 정복할 것이다.
그리고 거짓에 항거하기 위해 어떤 고통도 감내할 것이다.

자, 이제 마하트마 간디의 삶을 떠올려보자. 그는 어떤 삶을 살았는가? 우리가 마하트마 간디의 장례식장에 갔다고 생각해보자. 위의 문장을 완료형으로 말해도 아무런 거리낌이 없다. 아마도 이런 송별사를 말하게 될 것이다.

그는 지상의 어느 누구도 두려워하지 않았습니다.
그는 오로지 신만을 두려워했습니다.
그는 누구에게도 악한 마음을 품지 않았습니다.

그는 누가 뭐래도 불의에 굴복하지 않았습니다.

그는 진실로써 거짓을 이겼습니다.

그리고 거짓에 항거하기 위해 어떤 고통도 감내했습니다.

이것이 사명서다. 도덕관과 해야 할 일이 모두 들어 있다. 그러면 앞서 소개한 '세계적인 팝가수가 되고 싶은 음치'는 어떤 사명서를 썼을까?

나는 전 세계 인구 중 1,000명만 내 노래를 들어준다면 결코 노래를 멈추지 않겠다.

내가 노래를 멈출 때는 누군가 내 노래 때문에 고통받을 때다.

나는 이것을 이루기 위해 매일 한 가지 눈에 띄는 노력을 한다.

내 노랫말에는 긍정이 담겨 있다.

벤자민 프랭클린의 사명서처럼 좀 더 복잡하고 체계적인 사명서 작성법이 있지만, 이 정도면 희망, 실천, 도덕관까지 담고 있어 사명서로서 아주 훌륭하다. 너무 복잡한 사명서는 사명서 쓰는 것 자체가 일이 되어버리므로 몇 문장으로 작성하는 게 좋다. 몇 가지 문장만으로도 나아갈 바를 좀 더 명확히 설정할 수 있다.

CRAZY. 몇 문장으로 사명서를 써라.

우리나라 기업은 사명서를 그리 중요하지 않게 여기는 경향이 있다. 몇몇 대표에게 물어보면 "사업의 목표가 이익 추구인데 사명이 뭐가 그리 중요합니까?"라고 오히려 반문하거나, "사람이 먼저다"와 같은 뜬구름 잡는 소리가 사명서라고 말한다. 이런 건 사명서가 아니다.

개인이 앞으로 어떻게 살아갈 것인가를 밝힌 것이 개인의 사명서이듯, 기업의 사명서도 그 기업만의 특성으로 사회에 어떤 이바지를 하겠다는 목표가 들어 있어야 한다.

서양, 특히 미국처럼 기업가 정신(Entrepreneurship)을 주요 가치관으로 생각하는 나라는 창업할 때부터 사명서를 만드는 데 엄청난 노력을 들인다. 사명서에 포함된 그 기업만의 독특함을 바탕으로 운영해나갈 때만 사업이 성공에 이를 수 있다고 믿기 때문이다. 패스트푸드점 웬디스의 사명서는 다음과 같다.

'웬디스의 미션은 혁신적인 리더십과 파트너십으로 고객과 사회에 최고의 제품과 서비스를 제공하는 것이다.'

전 애플의 마케터이자 현재 벤처캐피털 회사의 대표인 가이 가와사키(Guy Kawasaki)는 여기서 한 술 더 떠서 사명서를 한 번에 이해할 수 있는 주문(Mantra)으로 만들라고 했다. 가와사키가 제안한 웬디스의 주문은 이것이다.

'건강에 좋은 패스트푸드.'

가이 가와사키의 제안을 우리는 개인 차원에서도 받아들일 수 있다. '세계적인 팝가수가 되고 싶은 음치'의 주문은 다음과 같이 정리할 수 있다.

'바로 당신이 기분 좋은 노래를 부른다.'

이렇게 사명서를 쓰고 주문까지 만들었으면 이 단계에서 할 일은 거의 다 끝났다. 이제 지금까지 이야기한 것을 모두 종합해서 계획을 세우면 다음 실행 단계로 옮겨갈 수 있다.

05
실행할 수 있는
계획을 세워라

| 작은 승리를 반복하라

이제 계획을 세우자. 사람마다 원하는 바가 모두 다르기에 이 책에서 구체적인 계획을 세우는 방법을 말할 수는 없다. 하지만 이것 하나만은 기억하자. 자신의 위치를 파악하고 계속 작은 승리를 할 수 있는 계획을 세우라는 것이다.

계획이 제대로 이루어지고 안 이루어지고의 차이는 '작은 승리'에서 비롯된다. 계획대로 하면 무언가 이루어진다는 것이 가시적으로 보여야 한다. 그래서 한 달 단위나 일주일 단위로 목표를 정하고 그대로 이루어졌으면 스스로에게 작은 보상을 주어라.

'작은 실패'가 일어날 수 있다는 사실도 염두에 둬라. 완벽주의자가 되려고 하지 마라. 이른바 '완벽주의자 딜레마'에 빠진다. 실패를 두려워해서 일을 미룬다는 말이다. 에비스 콤플렉스(Avis Complex)란 말이 있다. 에비스사는 미국의 렌터카 회사 중 만년 2위인 회사다. 이 회사의 모토는 '2등이지만 열심히 한다'다. 2등을 한다는 목표는 언제나 이룰 수 있기 때문에 목표를 2등으로만 잡고 스스로를 합리화하는 과정이 '에비스 콤플렉스'다. 완벽주의자가 흔히 이런 우를 자주 범한다. 실패를 받아들일 수 없기 때문이다. 또 완벽주의자는 부분적인 실패를 그야말로 완전한 실패라고 생각하고 전체 계획마저 포기해버린다. '실패는 언제든지 받아들이고 다시 회복해서 앞으로 나아가겠다'는 마음가짐으로 계획을 짜야 앞으로 나아갈 수 있다.

모든 걸 종합해서 계획을 짜자

지금까지 2장에서 생각해본 내용들을 다시 정리해서 계획을 짜보자. 이때 다음 상항을 반드시 고려해야 한다.

첫째, 현실적인 계획을 세워라.

현실성이 없는 과욕은 금물이다. 이런 계획은 학습을 북돋기보다는 오히려 방해한다. 처지와 능력에 맞는 계획을 세우자. 다른 사람들의 눈치를 볼 필요가 없다. 더욱이 다른 사람들이 계획한 것에 현혹되어 그대로 따라하면 안 된다. 다행히 그 계획이 자신의 능력과 처지에 맞는 것이라면 도움이 되지만, 자신의 능력을 초과하거나 미달하는 계획이라면 오히려 방해가 될 뿐이다. 사람이 저마다 가진 능력은 모두 다르다는 것을 다시 한 번 생각해보자.

둘째, 일주일 중 하루는 여유를 가져라.

하루의 여유를 두라는 것은 계획된 분량을 따라가지 못하거나, 피하지 못할 사정으로 며칠을 쉴 경우를 대비하라는 것이다. 이런 여유 시간이 없으면 계획이 지연되거나 미진한 부분을 만회하기 위해 다른 시간을 희생해야 한다. 그러면 계획이 밀려서 포기하게 된다. '작은 실패'를 만회할 여유 시간은 미리 챙겨두자.

계획보다 진도가 많이 나갔다면 지금까지 공부했던 부분을 한 번 더 보면 된다. 모든 기억과 습관은 반복에 의해 이루어진다. 진도를 많이 나가서 반복한다면 그것 또한 좋은 일이다.

자신이 수립한 계획에 대한 스트레스로 스스로를 비관하지 않으려면 일주일 중 하루는 여유를 두어 잠시 숨을 고르며 주변을 돌아볼 여유를 가져라.

셋째, 공부할 분량을 정하라.

분량을 정하고 시작하는 공부와 분량을 정하지 않고 하는 공부는 결과가 다르다. 분량이 있는 공부는 긴장감과 성취감을 가져다준다. 그러나 분량이 없으면 시간만 때우는 형식적인 공부가 된다. 긴장감이 없을 뿐만 아니라 책임감도 없어진다. 해도 되고 안 해도 되는 공부가 된다. 분량이 있어야 작은 승리를 할 수 있다. 1년 후의 성취만 바라보면 중간에 포기하게 된다. 하루의 분량, 일주일의 분량, 한 달의 분량을 정하라. 그리고 조금씩 수정하라. 일주일 동안 해봤는데 무리라고 생각되면 분량을 조금씩 줄이자. 반대로 많이 했다면 다음 일주일에서 조금씩 늘리면 된다. 그렇게 몇 번만 조절하다 보면 자신에게 적절한 분량을 알 수 있다.

목표로 하는 분량이 없다면 1년간 공부해도 도대체 무엇을 공부했는지 모를 수 있다. 진정으로 공부를 하고자 한다면 공부할 분량을 확실하게 정하라.

넷째, 계획의 성취를 낙관하라.

스스로 계획을 세워놓고 제대로 안 될 것이라는 부정적인 생각을 하고 있다면 그것은 잘못된 계획이다. 부정적인 생각에 휩싸이면 행동도 부정적이 된다. 부정도 습관이 된다는 사실을 염두에 둬라. 실패할 것이란 생각을 반복하다 보면 나중에는 그 어떤 행동도 하지 않게 된다. 부정적인 행동이 오래가면 그것이 정상인 것처럼 생각하고 행동하게 된다.

한 번 길들여진 습관은 좀처럼 고치기 어렵다. 습관을 고치려면 큰 대가를 치러야 한다. 미국의 대통령이었던 윌슨은 "낙관자와 비관자의 차이는 우습다. 낙관자는 도넛을 보고, 비관자는 구멍을 본다"라고 했다. 마음이 그 사람의 행동에 영향을 끼친다. 그렇기에 자신이 정한 계획을 믿고 계획대로 이루어진다고 낙관하라. 자신이 정한 계획에 낙관할 수 없으면 그 계획이 잘못된 것이다. 처음에는 자신의 능력보다 조금 낮은 계획도 해볼 만하다. 낮게 책정된 계획을 성취하면서 낙관을 기르는 것이다.

다섯째, 공부할 분위기를 만들어라.

공부하려고 PC방에 가는 사람은 없다. 공부할 수 있는 분위기가 아니기 때문이다. 학생들은 안락하게 꾸며진 자신의 방에서 공부하지 않고 도서관을 찾는다. 그곳은 공부하는 분위기가 조성되어 있기 때문이다. 1장에서 말한 '절박함'을 기억하라. 모두가 공부하고 있는 환경에서는 공부할 수밖에 없다.

직장에서 업무를 끝내고 술집에 공부하러 가는 사람은 없다. 공부하려는 사람은 학원이나 조용한 방에서 공부한다. 어디서나 공부할 분위기를 만들려면 가방에 책과 필기구를 가지고 다녀라. 출퇴근 통근 버스에서, 또는 지하철에서도 책을 펴고 읽어보라. 처음 시작할 때가 어렵다. 한번 공부에 맛들이면 자투리 시간에도 공부하는 짜릿한 묘미를 느낄 수 있다.

공부 계획표를 가지고 다니면서 수시로 보라. 오늘 할 분량, 일주일 동안 할 분량, 언제부터 언제까지 공부하기로 했는지를 기록해두면 된다. 종이 대신 스마트폰에 기록해서 다녀도 된다. 계획표를 가지고 다니면 공부를 꾸준히 할 수 있다. 계획표에는 사명서도 같이 기록하는 게 좋다. 그래야 왜 공부를 해야 하는지를 동시에 인지할 수 있다.

나는 책의 목차를 정하고 나면 그 목차를 기반으로 한 계획표를 가지고 다닌다. 글을 쓸 환경이 아니면 목차에 대한 생각을 하며 글쓸 소재를 찾는다. 가끔 계획표 없이 글을 쓰는 경우가 있는데 이런 때는 글을 쓰는 기간이 한없이 길어진다.

계획은 인간만이 세울 수 있는 능력이다. 더욱이 어제보다 나은 오늘, 오늘보다 나은 내일을 기대하고 있는 사람이 세우는 것이다. '더 나은 나'를 기대하지 않는 사람에게는 계획표가 필요 없다. 그럭저럭 사람들 꽁무니를 따라가며 살아가는 하루살이가 되고 싶다면 계획이 없어도 된다.

당신은 결코 하루살이 인생을 살고 있지 않다. 지금 당신이 이 책을 읽고 있다는 사실이 그것을 반증한다. 혹시 지금까지 하루살이 인생을 살아왔다면 지금부터 1년간 무엇을 공부할 것인지 계획을 세워보라.

남들이 보기에 형편없는 계획이라도 세워보라. 벤처 투자자인 피터 틸(Peter Thiel)은 저서 《제로 투 원》에서 "계획이 없는 것보다는 나쁜 계획이 낫다"고 했다. 계획 없이 많이 시도해보는 게 좋다는 실리콘밸리의 사고방식에 반대하며 한 말이다. 피터 틸은 매우 성공한 투자자다. 역시 계획은 중요하다는 간접적인 반증이다.

계획을 세웠으면 이제 실행으로 넘어가자.

현업 지식, 사진, 영화, 악기, 어학, 전통문화, 음악, 레크리에이션, 컴퓨터 게임, 요리, 육체 활동 등 공부하려고 마음을 먹으면 공부할 거리가 헤아릴 수 없을 만큼 널려있음을 깨닫게 된다. 어떤 것을 선택하든지 크게 결과를 생각하지 말고 선택한 과목을 마치는 데 1년을 바쳐보라. 점점 공부에 빠져들며 그 깊이와 폭이 넓어질 것이다.

Act like
a soldier

Part 3

군인처럼 행동하라

01
명령은 떨어졌다.
머뭇거리지 마라

| 실행은 가장 중요한 변수다

지금까지 우리는 동기를 창조했고, 자신을 파악해서 계획을 세웠다. 이제 다음 단계로 나아가야 할 때다.

나는 이 책을 시작할 때 '동기가 있으면 앞으로 계속 나아가게 되니 동기가 거의 모든 것'이라고 말했다. 그 말은 맞다. 제대로 된 동기가 있으면 실행까지 일사천리다. 동기가 거의 모든 것이다. 그런데 수학으로 표현하면 실행은 앞에 곱하기 표시가 붙는 변수다. 알기 쉽게 다시 설명하면 다음과 같은 등식을 세울 수 있다.

CRAZY = (동기+계획+지속 여부) x 실행

실행의 값은 0에서 2까지다. 즉 아무리 큰 동기와 원대한 계획을 세웠어도 실행이 없으면 그 결과는 0이 된다는 뜻이다.

총알처럼 반응하라

K 씨는 논산훈련소에 입소했다. 걱정하시는 부모님에게는 잘 다녀올 테니 집에서 쉬시라고 안심시키고 친구 몇 명과 논산에 갔다. 훈련병은 연병장으로 나오라는 조교의 말을 듣고 앞으로 나갔다. K는 어색한 경례를 하고 조교를 따라 연병장 뒤로 갔다. 조교는 아주 간단히 입소에 대한 규칙을 알려주고는 바로 명령을 내렸다.

"지금부터 옷을 갈아입는다, 실시."

구석에서 머뭇거리던 한 입소자가 손을 든다.

"벗은 옷은 어디다 둬요?"

조교는 질문에 대한 대답을 해주지 않는다.

"질문은 하지 않는다. 바로 옷을 벗고 지급해준 군복으로 갈아입는다. 앞으로 1분!"

K는 낯선 곳과 낯선 사람에 대한 두려움에 재빨리 옷을 갈아입었다. 그리고 조교가 상자에 옷을 넣으라고 하면 옷을 포장했고, 주소를 적으라고 하면 적었다. 이런 상황은 입소대에서 시작해 훈련소에서 훈련을 마치는 5주 동안 계속되었다.

퇴소식을 하는 날, 부모님이 찾아왔다. 부모님에게 가려고 하는데, 뒤에서 그간 훈련을 담당한 조교가 호명한다.

"81번."

"예, 81번 훈련병 ○○○!"

자신도 모르게 쩌렁쩌렁한 목소리로 대답하고 바로 돌아봤다. K는 단 몇 주 만에 자신이 군인이 되었구나 하는 생각이 들었다.

이런 장면은 군대를 갔다온 사람이라면 매우 익숙할 것이다. 군대에서 이런 복종 훈련을 시키는 이유가 무엇일까? 좀 더 친절하게 대하면 안 되는 것일까? 혹은 우리나라 일반 사병에게만 이렇게 대하는 것일까? 그렇지 않다. 미국의 육군사관학교인 웨스트포인트에서도 입소식 날부터 거의 비슷한 과정을 몇 주간 지속한다. 기본 과정 후에야 장교에게 걸맞은 훈련으로 전환한다.

전투에 나서는 군인은 긴박한 상황에서 즉시 명령에 따라야 한다. 명령을 받을 때마다 생각하고 고민한다면 그 전투는 진 것이나 다름없다. 물론 지휘자가 훌륭하게 판단한다는 가정이 있어야 한다. 그래서 어떤 의문도 품지 않고 바로 움직이는 훈련을 시키는 것이다. 이번 장의 제목인 '군인처럼 행동하라(Act like a soldier)' 같이 말이다. 군인처럼 명령을 받았으면 바로 행동으로 옮겨야 공부라는 치열한 전투에서 승리할 수 있다. 명령은 누가 내렸느냐고? 바로 우리 자신이다. 벌써 잊은 건가, 제군? 이미 우리는 동기를 만들었고 계획을 세웠다. 그리고 우리 스스로에게 이제 실행할 때라고 명령을 내렸다. 생각할 틈이 없다, 바로 실행하라.

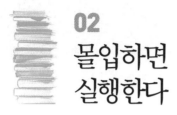

02
몰입하면
실행한다

이번 장에서는 실행의 키워드를 '몰입(집중)', '습관', '환경 변화'에서 찾을 것이다. 우선 몰입에 대해 알아보자.

복 받은 사람들

동기를 만들고 계획까지 세운 상태에서 이번에 만나볼 사람은 '복 받은 사람'이다. 내가 복 받은 사람이라고 표현하는 사람은 '공부에 몰입해서 재미를 느끼고, 그럼으로써 미친 사람'이다. 공부 자체가 재미있는 사람은 실행 단계에 아무 두려움이 없다. 공부라는 주제를 두고 이야기할 때 공부가 재미있는 사람은 복 받은 사람 외에는 어울리는 표현이 없다.

그러면 우리는 복 받은 사람이 아니니 공부를 포기해야 할까? 만약 그렇다면 이 책을 쓸 이유도 없고 이 책을 읽을 이유도 없다. 복 받은 사람은 될 수 없을지언정 최소한 복 받은 사람처럼 되려는 노력을 할 수는 있다. 아니면 혹시 당신이 복 받은 사람일지도 모른다. 아직 제대로 공부해보지 않아서 모르는 것뿐이다. 복 받은 사람인지 아닌지 알아보는 방법은 한 가지뿐이다. 지금 바로 실행해보는 것이다.

이 책의 주제는 '1년간 공부에 미쳐라'다. 혹시 새해가 시작하는 순간까지 기다려야겠다고 생각하거나 이미 며칠 지났다고 생각하지는 않는지 걱정이다. 1년은 1월 1일부터 12월 31일까지가 아니다. 오늘부터 1년이다. 실행은 1월 1일부터 할 필요도, 매달 1일부터 할 필요도, 월요일부터 할 필요도 없다. 바로 지금 시작하면 된다. 그러면 자신이 복 받은 사람인지 아닌지를 확인할 수 있다.

| 적당한 난이도로 공부하라

"일단 공부를 시작했더니 계속 궁금증이 생겨서 더 파고들었어요. 시간이 어떻게 흘러갔는지 모르겠네요. 벌써 새벽 2시예요."

이렇게 말했다면 더 이상 다른 말이 필요 없다. 바로 당신이 복 받은 사람이니까 말이다. 그런데 무작정 공부하라고 하면 대다수의 사람들이 시계만 쳐다본다. 무엇을 하고 있는지 모르겠다고 반응한다. 복을 받지 못한 사람이다. 아니면 제대로 복을 받을 환경이나 준비가 이루어지지 않은 상태다.

무언가에 재미를 느끼면 시간이 빨리 흐른다는 느낌을 받는다. 그 시간만은 주변에서 어떤 일이 일어나도 신경 쓰이지 않는다. 그런 재미있는 경험을 하고 나면 다시 경험해보고 싶어진다. 공부할 때 시간을 잊을 정도의 일이 일어나면 얼마나 좋을까?

미하이 칙센트미하이는 무언가에 몰입하여 주변에서 일어나는 일이 느껴지지 않는 순간을 플로(Flow)라고 표현하며, 그것이 인생에서 찾아야 할 행복이라고 말했다. 플로는 복잡한 세상이 단순하게 변하는 순간이다. 한 가지에 집중해서 그것을 이루어냈을 때 느끼는 행복감이 온몸을 휘감는 순간이다. 우리는 플로에 들어가려 노력해야 한다. 그러면 실행은 무조건 따라온다.

2장에서 어떤 분야를 공부할 것인가를 생각하면서 '능력과 유용' 그래프를 그린 적이 있다. 삶에 도움이 되면서 능력도 어느 정도 받쳐주는 분야를 선택하려고 그린 그래프다. 미하이 칙센트미하이도 플로(Flow)를 말하며 이와 비슷한 의견을 내놓았다. 이번에는 도전과 능력 도표다. 내가 지금 하려는 공부가 어떤 수준인가를 도표를 보며 파악해보자.

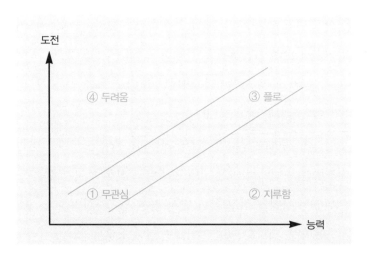

영역 ①은 무관심이다. 해야 할 이유도 없고 그럴 능력도 없으니 지루한 상황이다.

영역 ②는 지루함이다. 능력은 충분히 되는데 수준이 너무 낮다. 곱하기를 배우고 있는데 더하기를 말하는 꼴이다.

영역 ③은 플로에 이를 가능성이 있는 부분이다. 도전 과제가 적당하고, 능력도 적당하다. 두 자릿수 곱하기를 배운 학생이 세 자릿수 곱하기에 도전하는 정도다. 방법은 알고 있으니 조금만 집중하면 풀 수 있다.

영역 ④는 두려움이다. 도전 과제에 비해 능력이 많이 부족하다. 두 자릿수 곱하기를 배우는데 갑자기 분수의 곱하기를 들고 오는 격이다. 깊이 생각하면 풀 수도 있지만 두려움 때문에 플로에 이르지 못하는 상태다.

과거를 회상해보자. 꼭 공부가 아니라도 플로 상태를 경험한 적이 있는가? 한 학생은 중학교 시절 인수분해를 할 때 그런 것을 느꼈다고 대답했다. 공식에 정확하게 들어맞는 문제를 풀다 보니 날이 어두워졌고 더 풀어보고 싶었다고 한다. 그 학생에게는 인수분해가 영역 ③에 해당된 과제였던 것이다. 당신에게 영역 ③에 들어갈 도전 과제가 무엇인지 찾아서 실행해보자. 다른 공부를 할 때보다 조금 더 시간이 빨리 간다고 느끼면 성공한 것이다.

> **CRAZY.** 집중할 수 있는 난이도를 찾아라.

주변 환경도 중요하다

가끔씩 지하철에서 소설책을 읽다가 내려야 할 역을 지나치는 경우가 있다. 어떤 때는 제대로 지하철에서 내렸으나 책의 뒷부분이 궁금해서 지하철역 벤치에 앉아 책을 끝까지 읽고 난 후 집으로 향한 적도 있었다.

어떤 날은 공부할 내용이 있어서 집에서 책을 펼쳤는데 좀처럼 집중이 되지 않았다. 한두 시간 책을 읽었는데 내가 무엇을 읽고 있었는지 계속 잊어버려서 앞부분으로 자주 돌아가야 했다. 그런데 그 책을 지하철에서 읽어보니 꽤 집중이 잘되었다.

이전에 소설을 읽다가 역을 지나쳤을 때는 소설이 재미있어서 그런 줄 알았다. 그런데 알고 보니 지하철이란 환경 요인이 나에게 딱 맞은 것이다. 그래서 지하철의 환경을 흉내내보았다.

지하철은 약간의 소음이 있다. 간혹 사람들의 커다란 말소리가 집중을 방해하기는 하지만 작은 소음이 오히려 집중력을 높혀주는 화이트노이즈 효과를 일으킨 것 같았다. 또 지하철에서는 서서 책을 읽었다. 지하철에서는 내려야 할 곳이 정해져 있어서 작은 절박함도 느껴졌다.

이런 세 가지 요소를 집에서 적용해봤다. 화이트노이즈를 일으키는 애플리케이션을 구입하고, 서서 책을 봤으며, 알람을 맞췄다. 집중이 잘 안 될 때 이런 방법을 사용했더니 큰 도움이 되었다.

이처럼 환경을 활용한 집중력 강화 과정은 누구나 이용할 수 있다. 아래의 순서를 지키면 된다.

❶ 과거에서 집중했던 경험 찾기
❷ 집중했던 경험에서 주변 환경을 분석하기
❸ 환경 대체재를 투입하기

내 경우를 대입하면 다음과 같다.

❶ 지하철에서 책을 읽으니 집중이 잘되더라.

② 가벼운 소음이 있었고, 서서 읽었으며, 앉을 자리가 없고, 내릴 곳이 정해져 있어서 정해진 시간 동안만 읽을 수 있었다.

③ 화이트노이즈 애플리케이션을 구입하고, 일부러 서서 읽으며, 알람을 맞춰서 읽었다.

일단 집중이 잘됐던 경험을 떠올리는 게 중요한데, 지금 하고 있는 공부와 연관된 경험을 떠올리는 게 훨씬 유리하다. 지금 법전을 펴놓고 민법을 공부하고 있는데, 과거에 친구들과 게임방에서 스타크래프트를 열 시간 넘게 하던 경험을 떠올려봐야 큰 도움이 되지 않는다(게임을 응용해서 실행하기는 뒤에 다시 한 번 말할 것이다). 그래도 굳이 집중력 강화 과정에 맞춰보자면 다음과 같다.

❶ 게임방에서 친구와 스타크래프트를 할 때 집중을 잘했다.

❷ 실내가 어두웠고, 친구와 경쟁했으며, 손과 눈, 귀 등 모든 감각을 사용했다.

❸ 조명의 밝기를 낮춘 대신 스탠드를 사용하고, 특정 부분 외우기나 판례 찾기를 동료에게 같이 하자고 부탁했으며, 입으로 말하고 손으로 쓰고 눈으로 보며 법전을 외웠다.

분석과 대체 방안이 정확하다면 이 방법도 효과가 있을 것이다. 하지만 아무래도 게임을 해서 집중한 경험보다는(왜냐하면 게임은 그 자체로 강력한 피드백을 실시간으로 주는 매체이기 때문에 주변의 영향으로 집중했다기보다 게임 특성상 집중했다는 분석이 더 옳다) 어렸을 때 프라모델을 조립하면서 엄청난 집중력을 발휘했다든가, 특정 만화책을 1권부터 60권까지 하루에 다 봤다든가 하는 경험을 떠올리는 게 주변 분석을 쉽게 만든다. 집중했던 경험을 떠올려서 플로의 단계로 나아가보자.

CRAZY. 성공 경험을 반복하라.

무엇이 집중을 방해하는가

지금까지는 '어떻게 집중하는가'에 초점을 맞췄다면 이제는 무엇이 집중을 방해하는지를 고민해보자. 적당한 목표를 잡고, 집중하기 쉬운 환경으로 만들었더라도 20분 이상 집중하지 못하는 사람이 많다. 무엇이 집중을 어렵게 하는가를 물어보면 많은 사람들이 스마트폰 때문이라고 한다. 그러면 스마트폰이 집중을 어렵게 하는 범인인가? 스마트폰 중독에서 벗어나야 한다는 캠페인도 대대적으로 벌어지는 것을 보면 그렇게 보이기도 한다. 정말 잠시도 손에서 스마트폰을 내려놓지 못하는 사람도 많이 봤다.

그러나 정작 중요한 요인은 스마트폰이 아니다. 스마트폰이 대

중에게 파고들지 않았던 2000년대 초반에도 집중하지 못하는 사람은 있었다. 그때는 인터넷이나 온라인 게임이 집중하지 못하게 만드는 요인이라고 많은 핍박을 받았다. 그 이전으로 가보면, 수시로 울리는 삐삐 때문에 집중하지 못한다고 했다. 그전에는 만화책 때문이라고 했고, 그 이전에는 수시로 찾아오는 친구 때문이라고 했다.

현대로 접어들며 집중력을 흐트러뜨리는 요소가 늘어난 것은 사실이지만, 집중을 방해하는 요소는 과거에도 있었다. 집중을 방해하는 핵심은 '잡념'이다. 스마트폰을 계속 만지작거리고, 이메일을 확인하고, 밖에서 놀자고 부르는 친구에게 신경을 빼앗기는 이유는 잡념이 머릿속에 있기 때문이다.

스마트폰을 만지작거리는 가장 큰 이유부터 따져보자. 스마트폰 자체를 사랑해서 계속 만지작거리는 게 아니다. 새로운 연락이 계속 오기 때문에 꼭 옆에 두어야 하는 것도 아니다. 정확하게 표현하자면 '연락이 올까 봐', '새로운 소식을 놓칠까 봐', '게임에서 나만 뒤떨어질까 봐' 그렇다. '~할까 봐'라는 표현에 주목해야 한다. '~할까 봐'는 아직 일어나지 않은 일을 걱정하는 것이다. 지금까지 일어나지 않은 일이 일어나면 큰일 '날까 봐' 정신이 온통 딴 데 팔린다. 단정적으로 말하자면 공부하는 시간에는 큰일이 나지도 않고, 설령 그것을 모른다 해도 별 문제없다.

공부란 이기적인 것이다. 공부는 결국은 내가 만족하려고 하는 것이다. 가족을 위해서라고 하더라도, 가족을 위하는 '나의 목적'

을 달성하려고 하는 거다. 이기적인 공부를 할 때는 좀 더 이기적이 돼라. 딴 사람과 연락을 주고받지 않아서 그 사람이 나를 비난해도 어쩔 수 없다고 생각해야 한다. 왜냐하면 이기적인 행동을 했으니까 말이다. 이기적인 행동의 결과를 받아들여라. 그전에 공부할 때는 연락이 되지 않을 것이라고 못을 박아라. 누가 섭섭하다고 해도 할 수 없다. 이기적이니까.

집중하지 못하는 사람은 의외로 '마음이 여리고 능력이 뛰어난 사람'이다. 마음은 여린데 능력이 뛰어나니까 여러 사람이 부탁을 한다. 그러면 그 부탁을 거절하지 못하거나 마음 한구석에 담아둔다. 공부를 하다가도 다른 사람의 부탁이 생각나 그것부터 처리해주려 한다. 그러면 자신의 일에 집중하지 못한다. 거절하지 못하는 게 몸에 배어서 이메일도, 메시지도, SNS도, 게임 초대도 일단 받아들이고 본다. 최소한 대답이라도 해줘야 다른 사람이 섭섭하지 않을 것 같다.

그러면 안 된다. 다시 한 번 이야기하지만 공부는 이기적으로 해야 한다. 내 할 일이 먼저다. 공부 시간에는 모든 것을 거절해라. 정중한 거절 방법 중에 'Yes, but'이라는 게 있다. 일단 긍정을 해주고 그다음에 할 수 없는 이유를 이야기해주는 것이다. 그 거절을 자신에게 하라. "바로 연락하고 싶지만 공부하느라 무척 바빠서 다음에 할게요"라고 반복해서 말해라.

다른 사람의 연락이나 주위에서 일어나는 일에 신경 쓰여서 잡념에 빠지는 사람이 있는가 하면 그냥 너무 많은 생각이 나서 잡념에 빠지는 사람도 있다. 이런 사람은 능력이 많은 사람이다. 하고 싶은 것이 너무나 많기 때문이다. '이 시간에 다른 걸 하는 게 좋지 않을까?', '이 공부가 나에게 맞는 것일까?' 하는 잡념이 드는 사람은 다른 할 일이 생각난 사람이다. 다른 대안이 있으니 고민하는 것이다. 일단 능력이 뛰어난 자신을 칭찬하고, 지금 하는 공부는 이미 계획 단계(2장)에서 결정한 것이라는 걸 상기하자. 능력이 뛰어난 자신이 결정한 일이다.

한 실험에 의하면 대부분의 사람들은 다른 사람의 결정보다 자신의 결정을 더 소중히 여긴다고 한다. 똑같은 물건이라도 자기가 가지고 있는 물건을 더 가치 있게 여긴다. 그것이 설령 무작위로 결정된 것이라고 해도 말이다. 한 실험에서 연구 참여 대가로 참여자에게 가치(가격)가 비슷한 커피잔과 펜을 무작위로 나누어주었다. 절반은 커피잔을 받았고, 나머지는 펜을 받았다. 이후 참여자에게 받은 커피잔과 펜을 서로 거래할 기회를 주었다. 무작위로 선물을 배포했기 때문에 자신이 받은 선물에 만족하지 않은 사람들끼리 선물을 맞바꿀 것으로 예상했지만, 실제 거래는 거의 일어나지 않았다. 모두 자신의 것이 훌륭하다고 생각한 것이다.

이런 하찮은 물건도 자신의 것이 소중하다고 생각하면서 왜 '결정'에 대해서는 그렇게 못 하는가? 내가 한 결정이 가장 뛰어난 결정이라는 믿음은 본능이다. 본능을 벗어나지 마라.

정리하면 다음과 같다.

❶ 집중을 흐트러뜨리는 것은 물건이 아니다. 바로 머릿속에 자리 잡은 잡념이다.

❷ 마음이 여리고 능력이 있는 사람이 잡념에 쉽게 사로잡힌다.

❸ 공부 시간 동안 충분히 이기적으로 행동하고, 자신이 무조건 옳다고 믿어라.

이와 같이 생각하면 집중할 수 있다. 스마트폰은 그저 물건일 뿐이다. 내 잡념만 잡으면 옆에 있든 없든 상관없는 것이라는 자신감을 가져라.

CRAZY. **공부 시간 동안만큼은 난 언제나 옳다.**

뇌를 속여라

몰입을 하려고 이런저런 방법을 많이 실행해봤는데도 실패한 사람들을 위한 마지막 방법이 남아 있다. 바로 우리 뇌를 스스로 속이는 것이다.

우리 뇌는 매우 복잡하고 정밀한 기관이지만 한편으론 불완전한 기관이기도 하다. 한 예로 우리에게는 '확실한 기억'도 없다. UC 어바인대학의 심리학·범죄학과 엘리자베스 로프터스(Elizabeth Loftus)교수는 저서 《우리의 기억은 진짜 기억일까?》에서 간단한 실험을 제안했다.

로프터스 교수는 아이들에게 놀이공원에서 길을 잃어버린 일에 대해 이야기해보라고 했다. 물론 이 아이들은 놀이공원에서 길을 잃은 적이 없다. 처음에는 의아해하던 아이들이 재차 질문을 하자 있지도 않은 기억을 만들어서 대답하기 시작했다. 어떤 아이는 그때 느꼈던 감정까지 아주 생생하게 말했다. "그때 엄마를 잃어버려서 너무 슬펐어"라고 말하며 그럴듯한 상황을 계속해서 말했다.

2002년 뉴질랜드 빅토리아대학 심리학과의 스티븐 린제이(Stephen Lindsay) 교수도 비슷한 실험을 했다. 이번에는 조금 더 정교했다. 과거에 열기구를 탄 경험이 없는 사람 20명을 모집하여 어렸을 때 열기구를 탄 사진(합성한 사진)을 보여주고 그때의 일을 이야기해보라고 한 것이다. 처음에는 생각나지 않는다고 했던 사람도 계속 이야기하기를 강요당하자 슬슬 이야기를 풀어놓기 시작했다.

절반 정도의 사람들이 열기구를 탔던 기억을 생각해냈으며(물론 탄 적이 없다) 당시 상황을 줄줄이 풀어냈다. 나중에 열기구를 탄 적이 없으며 모든 것이 거짓이었다고 실험에 대한 해명을 한 후에도 자신이 열기구를 탄 적이 있다고 주장하는 사람까지 있었다. 우리 뇌는 이렇듯 실제 경험과 자신의 생각(혹은 감정)을 보기보다 명확히 구분하지 못한다.

한 신경과 병동에 눈이 보이지 않는다는 환자가 입원했다. 이 환자는 최근 남자 친구와 결별을 했는데 그 충격으로 눈이 보이지 않는다는 것이다. 신경과 의사가 시신경을 확인했으나 멀쩡했다. 동공이 빛에 반응했고, 눈동자는 움직이는 물체에 반응했다. 하지만 이 환자는 자신이 눈이 보이지 않는다고 믿었기에 앞이 보이지 않았다. 의사가 아무 조치도 취하지 않았음에도 이 환자는 진정되고 나자 시력을 되찾았다며 퇴원했다. 감정은 몸 상태까지도 변화를 일으킨다. 몰입의 경험도 마찬가지다. 이전에 몰입한 경험이 있다면 더 빨리 몰입할 수 있다. 그래서 가짜 몰입이라도 해야 한다.

가짜 몰입은 진짜로 몰입하지 못했더라도 몰입한 것과 동일한 행동을 반복하는 것이다. 정말 몰입한 듯이 공부에 집중해서 시계를 보지 않고 최소 몇 시간을 보낸다. 집중하지 못해 딴 생각이 자꾸 들더라도 집중하는 자세를 버리지 않는다. 공부하는 장소를 떠나지 않고 지금 하는 공부를 붙잡으려고 계속 노력한다.

'몰입 전문가'로 통하는 서울대 황농문 교수는 한 문제를 붙잡고 최소 열다섯 시간을 집중하라고 조언했다. 그렇게 한 문제에 집중하면 어려운 문제가 풀리면서 그로 인해 희열을 느끼고 다시 집중으로 빠져든다는 것이다.

정말로 희열을 느끼지 못했더라도 집중하는 것 같은 자세는 반복해서 시도해볼 만한 가치가 있다. 우리 뇌는 익숙한 것을 강화하는 버릇이 있다. 뇌는 특정 시냅스가 아닌 시냅스 간 연결에 따라 기억이나 경험을 저장한다. 그런 시냅스 간 연결을 커넥톰(Connectome)이라고 부르는데, 특정 연결이 자주 일어나면 연결 경로가 강화되어서 다음부터는 더 쉽게 같은 작용을 한다. 몰입하는 척을 계속하면 커넥톰이 강화돼 다음에는 쉽게 집중할 수 있게 되는 것이다(이렇게 몰입 과정을 반복하는 것은 '습관'을 만드는 과정에서 중요한 열쇠가 된다).

집중을 못 했더라도 "난 여섯 시간 동안 집중해서 딴 생각이 안 들었어"라고 생각하고 말해라. 나중에는 그 말을 진실이라고 믿게 될 것이다. 이와 비슷하게 자신이 한 말을 스스로 믿는 증상을 '리플리 증후군(Ripley Syndrom)이라고 한다. 리플리 증후군은 성취욕구는 강한데 능력이 따르지 않는 사람에게 잘 발생한다고 한다. 실제로 리플리 증후군 증상이 너무 심하면 위험하겠지만, 자신이 집중을 잘한다고 믿는 정도라면 공부에는 충분히 도움이 될 것이다.

> **CRAZY.** 자신이 집중을 잘하는 사람이라고 믿고 그렇게 행동하라.

집중과 몰입을 이야기하는데 무슨 음식까지 이야기하냐고 불만을 가질 수도 있다. 이제부터 그런 불만은 멀리 던져버리자. 여기 먹는 것이 집중으로 이어진다는 강력한 증거가 있다.

우리 뇌는 전체 몸무게의 약 2퍼센트 정도를 차지한다. 그런데 이런 뇌가 우리가 사용하는 에너지 중 총 20퍼센트를 사용한다. 엄청난 에너지 소비원이다. 하버드 의대 임상정신과 존 레이티(John J. Ratey) 교수에 따르면 우리 뇌는 우리 몸의 근육과 똑같아서 사용하면 강해지고 잘 사용하지 않으면 위축된다고 한다. 집중이란 우리 신체가 운동하듯이 뇌가 맹렬하게 돌아가는 과정이다. 즉 뇌가 강해지고 운동하는 중이란 것이다.

건강한 몸을 만들거나 적정 체중을 유지하려면 운동과 영양 섭취가 기본이다. 운동을 해서 근육에 힘을 주고 그에 맞는 음식을 먹어야 건강한 신체를 유지할 수 있다는 말이다. 이 중 어느 한쪽이 부족해도 건강한 신체를 유지하는 건 쉽지 않다.

뇌도 근육과 유사하게 움직인다. 그리고 집중은 뇌의 운동이다. 그런데 집중할 수 있는 음식을 먹지 않겠다고 하는 건 운동하라고 채찍질하면서 영양소는 공급해주지 않겠다고 말하는 꼴이다.

어떤 음식을 먹어야 하는지는 사람마다 체질과 생활 습관이 모두 다르기 때문에 이 책에서 식단을 일일이 짜줄 수는 없는 노릇이다. 하지만 기본은 있다.

우리 뇌는 그 많은 에너지를 오로지 포도당이란 에너지원으로 섭취한다. 우리 몸에 음식이 들어오면 소화기관에서 이를 포도당으로 분해하여 뇌로 올려보낸다. 그런데 탄수화물은 매우 빨리 포도당으로 분해되는 물질이다. 식사로 탄수화물만 가득 섭취하면 이것이 재빨리 포도당으로 바뀌어서 우리 뇌를 영양 과다 상태로 만들고, 당을 조절하는 인슐린이 엄청나게 분비되면서 당 수치를 떨어뜨린다. 주변에 당뇨병에 걸린 사람이 있다면 인슐린이 얼마나 중요한지 잘 알 것이다.

인슐린 분비로 당 수치가 떨어지면 조금 있다가 뇌는 다시 에너지원을 찾는다. 이때 또 탄수화물을 잔뜩 먹으면 '포도당 과다' 상태가 되는 것이다. 다시 말하지만 뇌는 신체와 같다. 폭식과 배고픔이 반복되면 우리 몸은 빨리 지치고 건강과는 멀어진다. 포도당 과다와 저하가 반복되면 뇌도 지친다. 지치면 집중할 수 없고, 집중할 수 없으면 몰입할 수 없다. 그래서 영양소의 일정량을 단백질로 섭취하라는 것이다. 영양소를 고르게 섭취해야 머리로 흘러가는 포도당의 양이 일정해진다. 특히 아침에 단백질을 일정량 섭취하는 것을 여러 연구 기관에서 권장하고 있다.

좋은 단백질 공급원은 콩, 껍질을 제거한 닭고기, 목초를 먹고

자란 쇠고기, 우유, 치즈, 무가당 요구르트, 견과류, 어류 등이다. 그러나 필요하다고 해서 너무 많이 섭취하면 안 된다. 소식하는 편이 뇌 건강에도 좋다는 연구 결과가 많이 있다. 노인을 대상으로 한 한 연구에서는 하루에 2000칼로리 이상을 섭취한 노인들이 1500칼로리 미만으로 섭취한 노인에 비해 기억상실의 위험성이 두 배 이상 높았다고 한다.

알레르기가 있는 사람도 있을 것이고, 오후에 출근하는 등 시간적 요인도 있기 때문에 식단은 각자의 사정에 맞게 짜야 하지만, 음식 조절도 공부에 큰 영향을 미친다는 것은 꼭 기억하자.

CRAZY. 집중하려면 좋은 음식을 먹어라.

03
실행은
습관이다

| 공부는 습관과의 전쟁이다

무언가를 실행하는 가장 좋은 방법은 그것을 습관으로 만드는
것이다. 밥을 먹고 나면 이를 닦듯이 말이다. 언제부터 이를 닦는
습관이 생겼는지는 모르겠지만, 이제 밥을 먹고 나서 이를 닦지 않
으면 매우 찜찜한 느낌이 든다. 공부가 이 닦는 것과 같은 습관이라
면 고민이 없을 것이다.

습관은 하루아침에 만들어지는 것이 아니다. 40세라면 40년 동
안 몸과 마음에 흡수된 습관이 있다. 이를 어느날 갑자기 다른 습관
으로 바꿀 수는 없다. 하지만 잘못된 습관이라면 대가를 지불해서
라도 버려야 한다. 그리고 어떤 유혹에도 견딜 수 있는 습관을 새롭

게 만들어야 한다.

"인간은 첫 반평생 동안 얻은 습관을 가지고 나머지 반평생을 살아가는 존재다."

러시아 대문호 도스토옙스키의 말이다. 그러나 지금은 도스토옙스키가 살던 시대와는 다르다. 하루가 다르게 변화하고 있다. 첫 반평생 동안 얻은 습관으로 그냥 살아가기란 불가능하다. '더 나은 나'가 되려면, 아니 현상 유지라도 하려면 공부하는 습관을 만들어야 한다.

군인은 습관을 만들기 위해 고강도 훈련을 받는다. 6시에 기상하고, 아침 점호를 받고, 뜀걸음을 하고, 식사를 한 후 각자의 역할을 하러 나간다. 그리고 직무 훈련을 받는다. 저녁을 먹고 침상을 정리하고 저녁 점호를 받고 10시에 불을 끄고 잠을 잔다. 매일 똑같은 일을 반복한다. 습관을 만들기 위해서다. 계속 반복하다 보면 습관이 되고, 그 습관으로 전투를 치른다. 우리도 반복하고 또 반복하면 공부를 습관으로 만들 수 있을 것이다.

특정 시간을 지켜라

"퇴근 후 시간을 어떻게 보냅니까?" 하고 질문하면 많은 사람들이 TV를 보거나 별다른 계획 없이 시간을 보낸다고 대답한다. 지나가버린 시간은 다시 돌아오지 않는다. 하루에 남는 시간이 있다면 그 시간을 나만의 시간으로 만들자.

나는 자정부터 새벽 4시까지를 공부하는 시간으로 정했다. 이 시간은 누구도 간섭하지 못한다. 내가 전화를 하지 않는 한 전화도 오지 않는 시간이다. 가족도 대부분 잠들어 있어 나를 간섭하지 않는다. 그 어느 때보다 조용한 것도 이 시간을 선택한 이유다.

이 시간은 스스로도 마음대로 하지 못하는, 오직 공부를 위한 시간이다. 이 시간을 제대로 활용하기 위해 나는 먼저 2시간 정도의 수면을 취한다. 이것 역시 나 스스로 지켜야 할 약속이다. 이 시간에 수면을 취하지 않고 새벽 4시까지 공부한다며 앉아 있으면 졸음 때문에 네 시간 동안 무엇을 공부했는지 하나도 기억하지 못할 것이다(지금 이 방법은 나만의 방법이다. 후에 말하겠지만 휴식과 수면도 꼭 지켜야 할 습관으로 만들어야 한다). 몽롱한 상태에서 네 시간 동안 책상 앞에 앉아 있으면 아무것도 얻은 것 없이 건강만 해치는 무익한 시간이 된다. 그렇기에 사전에 잠자는 시간도 꼭 지킨다.

처음 3개월 동안은 이 시간에 제대로 공부하기가 어려웠다. 그러나 3개월이 지나자 습관이 되기 시작했다. 3개월, 이 기간을 잘 넘겨야 한다. 3개월 동안 군인처럼 강제로 같은 시간에 같은 공부를 반복하는 것이다.

사람의 감정은 3개월이면 수그러든다고 한다. 아무리 큰 성공을 했거나 슬픔을 맛봤어도 3개월이 지나면 감정은 평정심을 찾는다.

하버드대학교 심리학과 댄 길버트(Dan Gilbert) 교수는 로또에 당첨된 사람들을 연구했는데, 로또가 주는 행복 효과가 평균 3개월이 지나면 사그라진다는 것을 확인했다. 엄청난 액수의 돈을 은행에서 이체받아도 불과 3개월이 지나면 예전과 마찬가지로 행복하거나 불행해진다는 뜻이다. 이를 가리키는 용어가 '쾌락의 쳇바퀴(Hedonic treadmill)'다.

나는 이 연구 결과를 근거로 뭐든지 3개월만 하면 '습관'으로 체화될 수 있다고 말하고 싶다. 새벽 4시까지 공부하는 건 처음에 꽤 힘들다. 순간적으로 공부에 몰입할 수 있는 '복 받은 사람'이 아니라면 딴 생각도 들 것이고, 졸리기도 하다. 그러나 3개월간 매일 하면 괴로움은 사라지고, 그냥 내가 평소에 하던 일처럼 느껴진다. 아침에 일어나면 커피 한 잔을 꼭 마시듯이 그저 그런 일상이 되는 것이다.

특정 시간에 특정 행동을 3개월만 하라. 그러면 어느새 그 행동은 습관이 되어있을 것이다.

> **CRAZY.** 일단 3개월만 참아라. 그러면 습관이 되어있을 것이다.

특정 시간에 공부할 때 주의해야 할 것이 있다. 인터넷이나 스마트폰은 꺼놓아야 한다. 책으로 공부하는 것이다. 전자책(e-book)이나 강의 콘텐츠를 보는 것도 좋지만 반드시 꼭 인터넷은 꺼야 한다. 인터넷이 연결되어 있으면 다른 길로 빠지기 쉽다. 전철에서 스마트폰에 집중하고 있는 사람들을 보라. 그들은 주변에 무관심하다. 무슨 일이 일어나고 있는지도 알아채지 못한다. 스마트폰에 집중하는 사람들 때문에 전철에서 물건을 파는 사람이나 구걸하는 사람 그리고 광고판도 거의 없어졌다. 아무리 호소해도 누구 하나 고개를 들지 않고 스마트폰에 시선을 고정하기 때문이다.

스마트폰은 요즘 집중력을 빼앗아가는 가장 강력한 주범이다. 한번 집중력을 빼앗겼다가 다시 돌아오는 데는 배 이상의 노력이 필요하다. 자칫 잘못하면 그 시간에 스마트폰만 보는 습관이 생길지도 모른다. 스마트폰에는 엄청난 피드백 효과가 있기 때문에 3개월이 아니라 일주일 만에도 안 좋은 습관이 생길 수 있다. 안 좋은 습관은 습관이 없는 것만도 못하다. 그러기에 가능하면 잠시 디지털 홍수에서 벗어나 심신을 회복시키는 '디지털 디톡스(Digital detox)' 시간을 갖는 게 좋다. 그 동안에는 소설이라도 읽어본다. 엉덩이를 의자에 붙이는 습관을 길러야 하기 때문이다.

혼자 있을 때 자기통제가 제대로 되지 않는 사람은 차라리 오후 8시부터 자정까지 가족들이 볼 수 있도록 문을 열어놓고 공부하는 방법도 좋다. 산만할 것 같지만 의외로 집중이 잘된다. 가족들이 지켜본다고 생각하면 컴퓨터나 스마트폰을 보면서 엉뚱하게 시간을 보내지 않는다. 가족들이 보고 있기에 잠도 오지 않는다.

특정 시간에 특정 장소를 가는 방법도 있다. 특정 시간이 되면 무조건 그곳으로 가는 것이다. 공부를 한다면 도서관이 좋다. 도서관은 보통 밤 10시에서 11시까지 개방한다. 물론 24시간 개방하는 독서실도 있다. 도서관이나 독서실은 학생이 많은데 간혹 백발노인들도 그 시간까지 젊은이들 틈에서 공부에 열중한다. 도서관은 공부하는 장소이기에 그 분위기에 휩쓸려 공부에 열중할 수 있다. 그러니 공부해야 한다는 부담감을 갖지 말고 알람이 울리면 무조건 도서관으로 가라. 그 분위기에 휩쓸려서 공부하다 보면 습관이 된다.

사설 독서실에 등록하는 것도 좋다. 왜냐하면 돈이 아까워 빠질 확률이 낮기 때문이다. 도서관은 무료로 개방된 곳이 많지만 사설 독서실은 한 달 단위로 이용료를 결제한다. 하루만 안 가도 돈이 아깝다.

헬스클럽도 마찬가지다. 혼자 집에서 운동하는 것보다 헬스클럽에 등록하고 운동하면 효과가 확실히 다르다. 일단 등록하고 나면 돈이 아까워서라도 며칠은 열심히 나간다. 집에서는 일주일에 3일 정도 운동했다면 헬스클럽에 등록하고 나서는 4~5일을 운동한다. 당연히 운동 효과가 좋을 수밖에 없다.

그렇게 3개월 정도 열심히 다니고 나면 이제 운동을 안 하는 것이 왠지 찜찜해서 계속 운동한다. 드디어 습관이 된 것이다. 독서실, 도서관도 3개월을 열심히 다니다 보면 '공부 근육'이 붙는다.

공부를 안 하면 찜찜한 경지까지 가는 것이다.

자신에게 어떤 곳이 맞는지 찾아보자. 6개월이 되면 숙달이 되어 정해진 시간이 되면 지정된 장소에 앉아서 공부하게 될 것이다. 그렇게 1년을 보내고 나면 결과가 따라온다.

적어도 하루에 네 시간은 어떤 일이 있어도 공부하는 시간으로 지키자. 출장, 여행 등 어떤 상황에서도 예외가 없어야 한다. 그 시간은 새로운 세상을 만나고 새로운 것을 배우는 시간이다. 그러면 1년이란 시간은 금방 지나간다.

연말이 되어 후회하며 다음 해를 다짐하는 우를 범하지 마라. 제대로 실천한 사람은 연말에 사람이 달라진다. 생활 패턴이 달라지고 공부가 습관인 사람이 된다. 그러면 그다음 1년도 다시 공부가 습관인 사람으로 살 수 있다.

보상이 있는 공부

습관을 만들려면 끊임없이 반복해야 한다. 그런데 이것만큼 지루한 일이 없다. 말 그대로 인내가 필요하다. 〈생활의 달인〉이라는 텔레비전 프로그램을 보면 다양한 직업군에서 피나는 노력으로 달인이 된 인물이 많이 나온다. 편지 봉투 접기의 달인, 만두 빚기의 달인, 지게차의 달인, 타이어 던지기의 달인 등 기억에 남는 달인도 많다. 이들 달인의 공통점은 반복에 의해 기술을 습득했다는 것이다. 모두 수십 년 동안 한 가지 일을 반복적으로 해왔기에 그런 경지에 도달할 수 있었다.

그런데 이들 달인이 정말로 편지 봉투를 잘 접으려고 노력했기에, 만두를 빨리 빚으려고 노력했기에, 지게차를 정밀하게 몰려고 노력했기에, 타이어를 제자리에 잘 던지려고 노력했기에 그 자리까지 올랐을까를 생각해보자. 이들이 보람 있는 일을 하고 있는 건 분명하지만, 그 일 자체가 목적은 아니었을 것이다. 그들이 하는 일은 스포츠가 아니다. 스포츠라면 행위 자체가 목적이 되겠지만, 그들은 단지 노동을 했을 뿐이다.

달인의 인터뷰를 잘 들어보면 대부분 가족을 위해 일했다고 한다. 방송이라 과장한 측면도 있지만 대부분의 달인들은 어려운 가정환경을 거쳤다. 이들이 달인의 기술까지 올라오면서 받은 보상은 '가족에게 조금 더 잘해줄 수 있는 환경'이었다. 즉 기술에 어울리는 금전적 보상이 없었다면 그런 경지까지 오르는 인내의 시간을 버티기 힘들었을 것이다.

2장에서 '작은 성공'을 거둘 수 있는 계획을 짜라고 말한 이유도 이것이다. 사람은 보상을 받으면 현재의 상태에서 인내하게 되고 인내하는 삶은 습관을 만들어낸다. 공부하는 습관이 몸에 익으면 보상은 더 커지므로 긍정의 순환에 들어간다.

인내에 대한 보상이 매우 클 필요는 없다. '인정' 정도면 충분하다. 이에 대한 유명한 실험이 있다.

올버니대학교의 마크 무레이븐(Mark Muraven) 교수와 동료 연구자들은 학생을 두 그룹으로 나눠서 실험했다. 갓 구운 따뜻한 쿠키가 담긴 접시를 주고 실험 대상자에게 그것을 먹지 말라고 요구했다. 그리고 한쪽 참가자에게는 '이 실험은 유혹을 억제하는 능력을 측정하기 위한 실험이며, 실험에 참가해줘서 고맙다'고 말했고, 다른 쪽 참가자에게는 목적을 말해주지 않고 그냥 참으라고만 말했다. 양쪽 실험 참가자 모두 대학생인지라 이들은 아무도 쿠키를 먹지 않았다. 그 정도 인내는 모두 가지고 있었다.

바로 다음 실험이 진행되었다. 컴퓨터 모니터에 숫자를 반짝거리며 보여줬는데 6 다음에 4가 나오면 스페이스바를 누르라는 게 지시 사항이었다. 유혹을 억제하는 능력을 측정하는 실험임을 알고 있었고 고맙다는 말까지 들은 참가자 그룹은 12분 동안 집중했지만, 아무 말도 듣지 못한 그룹은 스페이스바를 누르는 것을 잊는가 하면 투덜거리기까지 했다.

고맙다는 말을 들은 실험자 그룹은 실험에 참가하면 뭔가 좋은 일을 하는 데 보탬이 된다는 '인정'을 받은 것이다. 그래서 보람을 느끼며 더 열심히 지루한 인내 실험에 참가할 수 있었다. 그러나 다른 그룹은 도대체 이 실험을 왜 하는지도 몰랐으며 언제 끝날지도 몰랐다. 결국 이유 없는 반복이 사람을 지치게 만든 것이다.

습관을 만들려고 공부할 때도 비슷한 현상이 일어난다. '왜' 공부하는지 틈틈이 상기해야 한다. 거기에 누군가로부터(혹은 자신 스스로로부터) 인정을 받으면 인내력은 더욱 강해진다.

> **CRAZY.** 보상이 있는 공부를 하라.

여기서 주의할 점이 하나 있다. 못하는 나에게 보상을 주지 말라는 것이다. 오늘 공부에 실패한 것이 너무나 가슴이 아프다며 술을 마시거나 스스로를 위로한다며 보상해주지 마라. 이렇게 하면 잘못된 보상 피드백에 빠진다. '실패 → 보상'이란 시스템이 만들어지면 나중에는 보상을 얻으려고 나도 모르게 실패를 선호하게 된다. 매우 나쁜 습관을 만드는 일이니 경계해야 한다.

습관을 만든다는 것은 생각하는 과정을 줄이는 것이다

자동차를 운전할 때를 떠올려보자. 가속 페달을 밟고 핸들을 조작하며 전후방을 주시하지만 생각하면서 행동하지 않는다. 몸이 저절로 반응할 뿐이다. 그러나 운전을 처음 배울 때는 모든 것을 생각한다. 핸들은 어떻게 잡고 브레이크는 언제 밟을 것인지 끊임없이 생각한다. 공부하는 습관도 마찬가지다. 1년간 누구도 넘볼 수 없는 나만의 공부 시간에 공부를 한다면 나중에는 나도 모르게 그 시간, 그 장소에 앉아 공부하게 된다.

앞서 인용했던 노벨 경제학상을 받은 심리학자 대니얼 카너먼의 저서 《생각에 대한 생각》을 좀 더 자세히 들여다보자.

사람은 두 가지 방식으로 생각한다. 예를 들어 "4 곱하기 5는?"이라고 질문하면 구구단을 외운 사람들은 쉽게 "20"이라고 답한다. 심지어 이 정도는 운전을 하면서도 답할 수 있다. 그런데 당장 두 자릿수 곱하기만 물어봐도 바로 대답하기 힘들어진다. 가령 "64 곱하기 75는?"이라는 질문을 받았다고 생각해보자. '4곱하기 5는 20이니까, 2가 올라가고……'라는 식으로 생각하게 된다. 천천히 고민하게 되는 것이다.

첫 번째 사례처럼 숙고 없이 바로 답을 말하는 사고 시스템을 시스템1이라고 하고, 숙고의 단계로 들어가는 두 번째 사례를 시스템2라고 한다. 대니얼 카너먼은 우리가 시스템2로 생각해야 할 문제를 쉽게 시스템1으로 생각함으로써 잘못된 판단을 자주 한다고 생각했지만, 우리는 여기서 시스템2를 시스템1로 옮김으로써 공부에 도움이 되는 가능성을 생각해보자.

인도인들은 그들의 경전인 베다에서 파생한 베다 수학이라는 것을 어릴 때부터 배운다. 한때 국내에서 유행했던 19단(구구단이 아니라 19단이다)도 베다 수학에서 나온 것이다. 베다 수학은 풀이법 자체도 특이하지만 암기를 강조한다는 것이 특징이다. 19단을 넘어서 그 이상의 곱셈을 외우는 경우도 많다.

즉 '18 곱하기 16'은 우리에게는 시스템2의 영역이지만, 19단을 외운 사람에게는 시스템1의 영역이다. 시스템2로 해야 할 일을 시스템1으로 옮기고 나면 좀 더 차원 높은 공부로 나아갈 수 있다. 곱하기는 시스템1이 처리하고, 시스템2로는 좀 더 복잡한 수학 개념에 도전할 수 있다. 공부의 질이 점점 좋아진다는 뜻이다.

시스템1과 2를 공부의 효율에서만 적용할 것이 아니다(이 부분은 4장에서 조금 더 자세하게 다룬다). 시스템1과 2는 고유의 영역으로 정해진 것이 아니라, 반복 학습을 통해 서로 넘나들 수 있다. 이는 행동과 버릇도 그럴 수 있다는 뜻이다. 우리는 공부라는 과정 안에 들어가기까지 많은 고민을 한다. 그 고민 과정이 이 책의 1장부터 2장까지의 내용이었다. 그동안 우리는 공부를 왜 해야 하는지를 생각하고 공부할 계획을 잡았다.

그런 과정은 매일 매번 일어난다. 매일 학교를 가는 학생이라면 학교를 가기 직전에 이런 고민을 잠깐씩 해보았을 것이다. 일단 학교를 가기 싫다는 마음이 먼저 떠오를 것이고, 이불 속에서 공부해야 할 이유를 떠올린다. 결국 그 이유 때문에 억지로 일어나 발을 질질 끌면서 학교에 간다.

그런데 그 과정이 계속 반복되었다면? 즉 공부에 뜻이 있기 때문이든, 엄마가 잔소리를 하기 때문이든, 매일 학교를 다녔다면 언젠

가부터 중간 고민 단계가 사라졌을 것이다. 눈을 뜨면 일단 학교를 가고 본다. 나중에 고민을 하겠지만, 중간 고민 단계 없이 어쨌든 학교까지는 간다. 습관이 되면 고민 단계가 없어지기 때문에 공부는 더욱 쉬워진다.

공부 과정에 미쳐본다

지금까지 여러 논의를 했지만, 그래도 습관을 만들기는 쉽지 않다고 느낀다면 약간 강제적 방법을 써야 한다. 결과 같은 것은 나중에 생각하고 일단 남들과 함께 하는 공부 과정에 자신을 던져보는 것이다. 공부란 각자 고유의 것이니 자신에게 맞는 계획을 짜고 공부하라는 조언을 많이 들었을 것이다. 그 말은 일단 옳다. 공부하는 목적은 사람마다 다르고, 결국 공부는 혼자 하는 것이기 때문이다. 하지만 공부 습관을 만드는 측면에서는 다른 사람이 만든 공부 과정에 들어가 보는 것도 나름의 장점이 있다. 쉽게 말해 학원이나 학교 같은 교육 과정에 참여해보라는 것이다.

기존 교육 과정의 장점은 일단 강제성이 있다는 것이다. 강제성은 잡념을 없애준다. 공부를 방해하는 가장 큰 요소가 잡념이다. '이런 공부한다고 뭐가 소용이 있을까? 내가 맞게 하는 것일까?'

같은 생각들이 공부의 효율을 떨어뜨리고 중간에 포기하게 만든다. 하지만 강제적으로 공부하는 환경에서는 이런 잡념이 많이 줄어든다. 과정만 정상적으로 마치겠다고 목표를 작게 잡고 시작하면 '왜'라는 생각은 줄어들고 과정 자체에 집중할 수 있다.

과정을 같이하는 동료가 생긴다는 것도 큰 장점이다. 동료와 유대관계를 끈끈하게 유지해야 한다는 말이 아니다. 주변에 지켜보는 사람이 있다는 것, 잠재적인 경쟁자가 있다는 것 때문에 공부 효율이 꽤 좋아진다. 옆에 있는 동료의 눈이 이상하게 의식될 것이다. 나를 감시하는 것이 아님에도 다른 사람의 눈을 의식해서 더 열심히 공부하게 된다.

요즘 카페에서 공부하는 학생들이 많이 눈에 띈다. 그들이 몇천 원짜리 커피를 마시며 공부하는 것은 겉멋이 들어서나 허세 때문이 아니다. 이들에게 왜 카페에서 공부하느냐고 물어보면 대부분 카페에서 공부하면 '진짜로' 공부가 더 잘되기 때문이라고 답한다. 적당한 소음(화이트노이즈)이 있고, 쾌적하며, 무엇보다 누군가 지켜보고 있다는 생각 때문에 게으름을 피울 수 없다고 한다. 다른 손님의 눈을 의식한다는 말이다. 교육 과정에서는 동료가 그런 역할을 한다. 같은 교육 과정 안에 있기 때문에 보이지 않는 경쟁의식도 생긴다. 그런 것을 이용해보자.

교육 과정에 합류해서 단기 목표를 정하지 않고 공부해보자. 결과를 생각하지 않기에 오히려 깊고 넓게 공부할 수 있다. 결실을 지금 얻으려는 것이 아니기에 부담이 없다. 이런 과정에서 몰랐던 것도 배우고 공부 습관도 만들 수 있다.

나는 대학교 부설 평생 교육원의 소설 창작 과정을 1년 수료했다. 소설가가 되겠다는 목표로 공부한 것은 아니다. 소설이 어떻게 창작되는지, 어떤 사람들이 소설을 쓰는지가 궁금했다. 바람이 있었다면 글을 잘 쓰고 싶다는 것뿐이었다.

일주일에 두 시간씩 수업을 받았다. 강사는 소설가였다. 강사는 자신이 어떻게 소설을 쓰게 되었으며 어떻게 써왔는지 가르쳤다. 그리고 일주일간 지정된 소설을 읽게 하고, 그 소설에 대한 생각을 발표하도록 했다.

발표한 내용을 가지고 수강생끼리 토론하고 서로 의견을 말하며 주제에 대한 다양한 의견을 접했다. 이 과정에서 작가의 생애 등 몰랐던 정보도 접했다. 또, 함께 공부하는 사람들과 친해지면서 인터넷 블로그를 만들어 소설 정보를 공유하기도 했다.

수강생은 학교 선생님, 트럭 운전기사, 직장인, 재래시장 상인, 사업가, 주부, 노인, 재수생, 강사, 국악인, 소설가 지망생 등 다양했다. 1년간 소설 공부를 통해 삶의 질을 높이고 만남의 범위를 넓히는 경험을 했다. 기대하지도 않았던 '할아버지 딱지 이야기'란 글을 썼고, 공부에 대한 참맛도 느꼈다.

독서 클럽도 이와 비슷하다. 나는 가끔 저자와의 만남에 초대받는다. 참여한 사람들은 내 책을 읽고 궁금한 사항들을 질문한다. 그들은 한번 책을 읽고 잊어버리는 사람들이 아니다. 매월 회비를 내며 자발적으로 모이는 사람들이다. 밤늦은 모임이지만 모두들 눈망울이 초롱초롱하다. 강사의 말 한마디를 놓치지 않으려고 애쓰는 모습이 보인다.

이런 모임을 갖는 사람들 대부분이 직장인이다. 독서하고 공부하면서 일상에서 채우지 못한 지적 욕구를 이런 과정을 통해 보충하는 것이다. 이런 경험이 없는 독자라면 인터넷에 독서 클럽을 쳐보라. 그리고 마음에 드는 클럽을 찾아서 1년간 그 과정 속에 들어가 보라. 그 속에서 의미를 찾게 되고, 독서하고 토론하는 과정을 통해 새로운 세상을 열어보는 경험을 하게 된다. 그러면 숨어 있던 공부 욕구가 마음속에서 터져 나올 것이다.

현업 지식, 사진, 영화, 악기, 어학, 전통문화, 음악, 레크리에이션, 컴퓨터 게임, 요리, 육체 활동 등 공부하려고 마음을 먹으면 공부할 거리가 헤아릴 수 없을 만큼 널려있음을 깨닫게 된다. 어떤 것을 선택하든지 크게 결과를 생각하지 말고 선택한 과목을 마치는데 1년을 바쳐보라. 점점 공부에 빠져들며 그 깊이와 폭이 넓어질 것이다.

할수록 재미있고 밤을 새워도 피곤하지 않다. 몰랐던 것들이 고구마 줄기 캐듯 엮여 나타나면서 공부란 이렇게 하는구나 하는 깨달음을 얻게 된다. 공부라는 과정에 미침으로써 얻는 또 다른 부가 가치다. 이렇게 공부가 습관으로 자리 잡는다.

CRAZY. 자신에게 맞는 교육 과정을 찾아보아라.

잠과 건강을 습관으로 만들어라

일반적으로 공부란 습득한 지식을 자신의 언어로 번역하여 두뇌에 저장했다가 필요할 때 꺼내 쓰는 과정이다. 우리는 간혹 두뇌가 신체라는 사실을 까먹고 둘이 서로 별개라고 생각한다. 잠을 줄이고 몸을 혹사하며 공부하는 것이 아주 대단한 일이라고 생각하고, 그것이 진정한 공부라고 착각할 때가 많다.

공부에 미치란 말은 그런 뜻이 아니다. 공부란 평생 해야 하는 것이니 더 나은 나를 만들려는 사람이라면 이왕 할 공부를 적극적으로 하라는 뜻이다. 잠을 줄이고 코피를 쏟아가면서 공부하는 것은 미친(Crazy) 게 아니라 미친(Mad) 짓이다(일반적으로 영어권에서 crazy는 뭔가에 심하게 집중하거나 들뜬 상태를 의미하는 반면, mad는 정말로 미쳐버린 상태를 말한다).

적당한 운동과 수면이 공부 효율을 높인다. 특히 수면은 매우 중요하다. 잘 자고 일어나면 몸이 개운하다. 머리도 맑다. 그래서 공부에 더 잘 집중할 수 있다. 게다가 인간은(동물도) 낮 동안 보고 들은 것을 수면 중에 반복 학습하며 기억에 저장한다.

신경과학자 매튜 워커(Matthew Walker)는 동료들과 함께 쥐의 뇌를 연구했다. 쥐들에게 미로를 찾게 한 후 뇌 속의 뉴런이 활성화되면 틱틱 하는 소리가 나도록 컴퓨터 장치를 구성했다. 그 틱틱 하는 소리를 분석해 언제 뉴런이 가장 활성화되는지 분석한 것이다.

매튜 워커는 실험을 반복하다가 잠든 쥐에서 아주 놀라운 현상이 일어나는 것을 발견했다. 잠든 쥐에 연결된 컴퓨터에서 틱틱 하고 뉴런이 활성화되는 소리가 난 것이다. 게다가 그것은 놀랍게도 낮에 쥐가 미로를 달릴 때 나던 소리 패턴과 정확히 일치했다. 다만 신호가 낮보다 20배 빠르고 반복된다는 점만 달랐다. 나중에 매튜 워커는 쥐가 잠을 자면서 미로의 어떤 부분을 달리는지 알 수 있을 정도가 되었다. 쥐는 잠을 자면서 미로를 달리고 또 달린 것이다.

잠을 자고 난 쥐는 잠을 자지 않는 쥐보다 미로에서 길을 더 빨리 찾았다. 낮에 배운 것을 밤에 저장하는 것은 인간도 마찬가지다. 잠을 자고 나면 더 많이 기억한다. 나는 하루 네 시간의 공부 시간을 확보하려고 잠을 미리 자는 형태로 수면 습관을 바꿨다. 이 방법이 모두에게 유효하지는 않다. 중요한 건 자신에게 맞는 수면 시간을 찾되, 수면이 절대적으로 가치 있는 활동임을 깨닫고 충분한 수면 시간을 확보하라는 것이다.

유명한 여성 산악가 앨리슨 레빈(Alison Levine)은 에베레스트

산에 도전했을 때만 해도 프로 산악가가 아니었다. 프로 산악가가 아니란 말은 곧 직장을 다니면서 에베레스트 산에 도전할 준비를 해야 한다는 뜻이었다. 게다가 그녀는 유명한 금융회사인 골드만삭스에 다니고 있었다. 월스트리트에서 최고의 회사로 통하는 직장을 다닌다는 건 직장에서도 그만큼 열심히 일한다는 뜻이다.

앨리슨 레빈은 마음이 급했다. 에베레스트 산으로 원정을 갈 시간은 점점 다가오는데 준비된 것은 하나도 없다는 생각이 들었다. 그녀는 절박했다. 절박함은 아주 강한 동기가 된다고 1장에서 말한 것이 기억날 것이다. 그러나 그녀는 방향을 잘못 잡았다. 퇴근하고 나서 24시간 운영하는 헬스클럽으로 가 새벽 1시부터 훈련한 것이다.

앨리슨 레빈은 약간 멍한 상태에서 걷기 운동을 하면 심장 운동도 되며 가수면을 취할 수 있을 것이라 생각했다. 당연하게도 그녀는 실패했다. 수면 부족 때문에 스트레스가 쌓여서 회사 일을 제대로 할 수 없었고, 운동도 되지 않았다. 업무에 심각한 영향을 주는 상태가 되었을 때에야 그녀는 이렇게 하면 안 되겠다는 것을 깨달았다. 수면 부족 때문에 판단력이 흐려진 상태에서 그 높은 산을 오르다가는 목숨을 잃기 딱 좋았고, 다니던 직장도 잃기 딱 좋았다.

앨리슨 레빈은 전략을 바꿔 주말에 집중해서 실제 높은 산을 오르내리는 훈련을 하는 방식으로 일상을 전환했고, 결국 그녀는 에베레스트 산에 올랐다(첫 번째 등반에서는 정상을 밟지 못했으나 두 번째 도전에서 성공했다).

마감을 앞둔 잡지사 기자나, 다음날 물건을 선적해야 하는 의류 공장 직원 등 단기간에 급한 일을 진행해야 하는 상황에 닥쳤을 때는 일시적으로 잠을 줄여서 성과를 볼 수도 있다. 하지만 우리는 1년을 미쳐서 공부하고, 장기적으로는 평생 공부하는 삶을 사는 방식을 이야기하고 있다. 이런 상황에서 잠을 줄이려는 노력은 독이다. 적당한 수면, 적당한 운동을 하는 생활 패턴을 만들자. 잠자는 습관이 곧 공부다.

CRAZY. 무리하지 말고 잠을 자라.

| 나쁜 습관 없애기

지금까지 우리는 공부하는 습관을 만드는 방법을 이야기했다. 그런데 좋은 습관을 만드는 것 못지않게 나쁜 습관을 버리는 것도 중요하다는 것을 잊어서는 안 된다.

공부 습관을 컨설팅하는 한 교육자가 있다. 그는 한 학교를 대상으로 공부 습관을 만드는 캠프를 연 적이 있었다. 컨설팅을 하기 전에 그는 학생들을 두 그룹으로 나누어 이전 공부 습관을 조사했다. 한 그룹은 이전에 자신에게 맞는 계획 없이 무작정 공부하던 그룹이고, 또 다른 그룹은 스스로 만든 공부 습관이 있는 그룹이었다.

이 교육자는 이미 공부 습관이 있는 그룹이 유리할 것이라고 생각했다. 공부하는 습관이 잡혔기 때문에 조금만 조절하면 더 뛰어난 결과가 나올 것이라고 확신한 것이다.

하지만 결과는 그 반대였다. 아무 습관이 없었던 그룹이 더 좋은 결과를 낸 것이다. 이미 자신만의 습관이 있었던 그룹은 이 교육자의 방침대로 하지 않고 조금씩 원래 하던 습관으로 되돌아갔다. 그만큼 나쁜 습관이 습관이 없는 것보다 못할 때가 많다.

작가 겸 신문기자인 찰스 두히그(Charles Duhigg)는 그를 베스트셀러 작가로 만들어준 저서 《습관의 힘》에서 나쁜 습관을 바꾸는 방법을 소개했다(실제로 그의 책에서는 '습관을 만드는 방법'이라고 했지만, 나쁜 습관을 없애는 법에 더욱 어울리기에 이렇게 소개한다).

첫째, 반복 행동을 찾는다.

요즘은 스마트폰이 아마도 공부를 방해하는 가장 큰 반복 행동일 것이다. 시도 때도 없이 스마트폰을 확인하느라 집중력을 빼앗긴다. 가장 좋은 방법은 스마트폰을 사용하지 않는 것이겠지만 그리 쉽지 않다.

스마트폰 때문에 공부 시간을 빼앗기고 있다면 언제 스마트폰을 집중적으로 사용하는지를 살펴야 한다. 출퇴근 시간에 지하철에서 주로 사용하는가, 아니면 잠들기 전에? 그중 어떤 시간을 공부 시간으로 바꿔야 한다고 생각하는가? 언제 스마트폰을 보는지를 스스로 확인하라. 그 패턴만 찾아도 많은 부분을 바꿀 수 있을 것이다.

둘째, 다양한 보상으로 실험해보라.

스마트폰을 확인하고 싶을 때마다 사탕을 한 개 먹든지, 책을 보든지, 잠시 운동을 하든지, 뭐든지 해보라. 아무리 사소한 보상이라도 스마트폰을 보고 싶은 순간을 대체해서 만족감을 느끼게 해준다면 그 방법을 사용하라. 이것은 담배를 끊을 때를 생각해보면 된다. 담배를 끊으려는 사람을 위해 다양한 대체물이 존재한다. 껌, 붙이는 패치, 금연 사탕 등의 대체물을 이용하면 금연 효과가 좋다는 과학적 증거도 있다. 나쁜 습관을 대신할 때, 만족감을 대체해주는 행동에 어떤 것들이 있는지 확인하라.

셋째, 신호를 찾아라.

신호를 찾는 건 반복 행동을 찾는 것보다 훨씬 힘들다. 그 이유는 나를 객관적으로 바라보고 판단할 수 없기 때문이다. 스마트폰으로 예를 들기 시작했으니 계속 스마트폰 이야기를 해보자.

우리는 어떤 신호가 있을 때 스마트폰을 보는가? 특정한 장소에 갔을 때인가? 특정한 시간인가? 어떤 감성이 일어날 때인가? 어떤 사람을 만났을 때인가? 스마트폰을 만지기 전에 하는 특정한 행동이 있는가? 이런 질문을 스스로 하면서 특정 행동을 일으키는 신호가 무엇인지 찾아야 한다.

넷째, 계획을 세워라.

스마트폰을 보는 신호를 찾았다면 이제 계획을 세울 수 있다. 지하철을 탈 때 스마트폰을 반드시 보는 습관이 있다면 그 시간을 공부하는 시간으로 바꾸는 계획을 세워라. 보통 지하철을 탈 때 스마트폰을 보는 이유는 간편하기 때문이다. 주머니에 있으니 언제나 바로 꺼낼 수 있다. 그러니 아침에 출근하거나 학교에 갈 때 가방 깊숙이 스마트폰을 집어넣자.

한번 생각해보자. 지하철을 타고 출퇴근할 때 중요한 전화나 메시지가 온 적이 있는가? 아마도 거의 없을 것이다. 하필 그 시간에 중요한 일이 생길 가능성은 매우 적다. 그런데도 뭔가 놓칠 것 같은 강박증 때문에 스마트폰을 만지작거리다가 게임을 하고, SNS를 하고, 인터넷 서핑을 하면서 허무하게 한두 시간을 낭비하는 것이다.

스마트폰이 가방 깊숙한 곳에 있으면 그것을 꺼내기 귀찮아서 덜 보게 된다. 책을 보는 습관을 들이고 싶다면 보겠다고 마음먹은 책을 가방의 가장 위에 둬라. 그러면 읽게 될 것이다. 하루 두 시간씩만 책을 읽어도 일주일에 한 권씩 독파할 수 있다. 그렇게 늘어가는 독서 목록을 보면 가슴 한편이 뿌듯해진다. 그런 뿌듯함이 피드백이다. 그런 피드백에 중독되면 스마트폰을 만지작거리는 습관은 사라지고 공부하는 습관만 남는다.

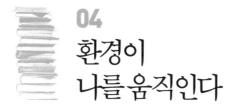

04
환경이
나를 움직인다

| 옆구리를 쿡 찔러 움직이게 하는 힘

동기도 '창조' 했고 자신을 파악해서 계획도 짰는데, 왜 몸은 움직여지지 않는 걸까? 어떻게 하면 몸을 움직일 수 있을까? 몸을 움직이게 하는 힘은 아주 작은 환경 변화에서 온다. 지금 몸을 움직이지 않는 건 현상 유지 편향에 빠져 있기 때문이다.

현상 유지 편향이란 사람에게 작용하는 관성의 법칙과 같다. 관성의 법칙이란 뉴턴이 발표한 물체의 운동을 다루는 세 가지 법칙 중 하나로, '외부의 힘이 없으면 물체는 일정한 속도로 움직인다'가 요점이다. 사람의 심리도 마찬가지다. 외부의 힘이 작용하지 않으면 지금까지 하던 대로 하려고만 한다. 외부의 힘이 없어도 혼자 움직이게 하는 힘이 1장에서 말한 동기다. 동기는 내부의 엔진 같은 것이다. 동기가 있으면 외부 힘이 없더라도 움직인다. 그러나 아직 실행으로까지 이어지지 않았다면 엔진이 조금 약한 것이다. 그러나 아예 엔진이 없는 것보다는 낫다. 내부에 엔진이 있다면 외부에서 '작은' 힘만 전달해줘도 힘차게 움직이니까 말이다.

그렇다면 무엇이 작은 힘이 될까?

유럽 국가 중 대부분은 운전면허를 신청할 때 장기 기증 의사를 묻는다. 어떤 나라는 장기 기증을 하겠다는 비율이 월등히 높은 반면, 어떤 나라는 그렇지 못하다. 이것이 과연 국민성의 차이일까?

차이는 운전면허 신청서에 있다. 장기 기증 비율이 높은 나라의 운전면허 신청서에는 '장기 기증'이 기본 선택 사항이고, 장기 기증을 하지 않으려면 따로 의사를 표현해야 한다. 장기 기증 비율이 낮은 나라의 운전면허 신청서에는 '장기 기증을 하려면 따로 신청을 하라'고 되어 있었다. 현상 유지 편향 때문에 사람들은 기본 조건을 그대로 받아들인 것이다. 장기 기증과 같이 매우 중요한 문제를 결정함에도 사람들은 자신의 생각을 명확히 표현하기보다 원래 있는 대로 받아들인다.

그렇다면 기본 선택 옵션만 바꾸면 실행으로 바로 연결할 수 있을까? 그렇다. 기본 선택 옵션을 바꾸는 작은 행동 하나로도 나를 움직이게 할 수 있다.

남자라면(혹은 여자도) 남자 화장실의 소변기 안쪽에 벌레 모양의 스티커가 붙어 있는 것을 본 적이 있을 것이다. 남자라는 인간은 화장실에서 소변 하나 제대로 못 보는지 항상 소변기 주변이 지저분하다. 화장실이 지저분해진다며 '제대로' 소변을 보라고 아무리 하소연해도 상황은 언제나 마찬가지였다. 그런데 누군가 소변기 안쪽에 벌레 모양의 스티커 하나를 붙였다. 사람들은 자신도 모르게 그 벌레 스티커를 맞추려고 노력했고, 그 결과 소변기 밖으로 튀는 소변의 양을 80퍼센트나 줄일 수 있었다.

이처럼 사용자들이 무의식적으로 어떤 행동을 하도록 유도하는 것을 '선택 설계'라고 하며, 일명 넛지(Nudge)라고 부른다. 넛지란 옆구리를 쿡 찌른다는 뜻인데, 누군가 어떤 행위를 할 수 있도록 옆구리를 쿡 찔러준다는 의미다. 만원 지하철에서 운 좋게 자리가 나서 앉아 있는데 할머니가 탔다고 생각해보자. 어제도 야근을 해서 몸은 천근만근이다. 마음은 할머니에게 자리를 양보하고 싶지만 몸이 따르지 않는다. 그때 옆에 앉은 누군가가 옆구리를 쿡 찌른다면 얼른 일어나서 자리를 양보할 것이다. 이것을 실행에도 적용할 수 있다.

첫 번째 방법은 '최소 저항 경로 따르기'다. 조금 전 이야기한 장기 기증 사례처럼, 당연한 일처럼 기본 옵션으로 만드는 것이다. 말하자면 계획표를 짤 때 공부할 시간을 계획하지 말고, 공부 안 할 시간을 계획하라는 것이다. "오늘은 아침 8시부터 오후 1시까지 공부해야지" 같은 마음가짐이 아니라 "오늘은 1시에서 1시 30분까지 점심을 먹고, 50분까지 산책해야지"처럼 마음먹어야 한다. 즉 공부가 기본 옵션이고 휴식이 선택 사항이 되는 것이다.

두 번째 방법은 '오류 예상'이다. 오류 예상이란 큰 사고를 막는 작은 장치 같은 것이다. 남자 화장실 소변기에 붙인 벌레 스티커도 일종의 오류 예상 장치다. 아침에 일어나서 처음 하는 일이 물을 마시는 것이라면 컵을 영어 단어장(혹은 공부가 생각나게 하는 것)으로 덮어둬라. 다른 생각으로 빠지는 것을 막아줄 것이다. 각자 자신에게 맞는 작은 장치를 하나씩 마련해서 다른 길로 새려는 걸 막아라.

세 번째 방법은 '피드백'이다. 잘하고 있는지 아닌지를 눈으로 바로 확인할 수 있으면 더 노력하게 된다. 스마트폰 애플리케이션 중 하루에 얼마나 운동을 했는지 실시간으로 보여주는 것이 있다. 그것을 보면 자신에게 부족한 운동량을 채우려고 노력하게 된다.

공부도 마찬가지다. 아이들이라면 사탕 같은 것을 책상 위에 올려놓는 방법이 좋다. 책상에 앉아서 책을 볼 때마다 사탕을 하나씩 먹을 수 있도록 해놓고, 사탕을 다 먹으면 더 좋은 사탕으로 채워주는 것이다. 줄어드는 사탕을 보며 자신도 모르게 더 자주 책상에 앉게 된다. 어른이라면 시각적인 그래프 등으로도 충분할 것이다. 스마트폰에도 공부 양을 측정해서 그래프로 보여주는 애플리케이션이 있다(이 경우라면 스마트폰은 괜찮은 도구다). 어쨌든 자신이 잘하고 있다는 것을 바로 알 수 있도록 하자.

CRAZY. 공부 안 할 시간을 정하라.

핵심은 피드백이다

넛지(Nudge)를 이용해서 실행하기 좋은 환경으로 만들었다면 다음은 실행을 게임화 되게 한다. 실행이 게임화가 되어야 계속 공부할 수 있다. 게임화에서는 피드백이 중요한 요소다. 게임을 많이 해본 사람들은 알겠지만, 게임은 쉴 새 없는 피드백으로 이루어진다. 피드백을 얼마나 잘 설계했느냐에 따라 게임의 성패가 좌우될 정도다.

불과 몇년 전 '애니팡'이란 게임이 국민 게임이라고 불릴 정도로 유행한 적이 있다. 같은 모양의 그림 세 개만 맞추면 되는 간단한 게임이었고, 이전에도 이와 유사한 게임이 많이 있었다. 그럼에도 애니팡이 히트를 한 이유는 피드백을 극대화했기 때문이다.

카카오톡이라는 메신저와 연계해서 다른 사람을 게임에 초대하면 보상을 주었고, 게임이 끝나면 실시간으로 랭킹이 나와서 주변 사람들과 비교하게 했다. 지금은 거의 모든 게임이 이런 실시간 피드백을 주고 있지만 당시에는 참신하고 새로운 시도였다. 공부에도 이런 피드백을 적용한다면 정말로 미친 듯이 공부할 수 있다.

소설가 Y 씨는 지난 몇 년간 슬럼프에 빠져 있었다. 뭔가를 해야 하는데 글은 써지지 않았다. 소설을 쓰다가도 중간에 접은 게 한두 번이 아니었다. 내용이 부족한 것 같았고, 아무도 그의 글을 읽어주지 않는 것 같았다.

그러다가 주변인이 인터넷 연재를 추천해줘서 가명으로 연재하기 시작했다. 처음에는 별 관심이 없었다. 책으로 묶이지 않은 것은 소설이 아니라고 생각하기도 했다. 그런데 연재를 시작하니 하나둘 댓글이 달리기 시작했다. 많지는 않았지만 수고했다거나 다음이 궁금하다는 댓글이 달리니 연재를 대충 할 수 없었다. 그날부터 정말 미친 듯이 글을 썼다. 거의 매일 연재했다.

아직 Y 씨는 유명한 베스트셀러 작가가 되지는 못했다. 하지만 매일 쉼 없이 글을 쓰고 있다. 이제 슬럼프라는 생각은 하지 않는다. 열심히 쓰다 보면 더 나은 글이 나올 것이라고 믿으며 묵묵히 정진할 뿐이다. 현재 Y 씨는 1년에 장편소설 세 권 분량을 쓰고 있다.

이 사례에서 소설가 Y 씨는 피드백의 기쁨을 안 것이다. 한 권의 책을 쓴다는 것은 쉽지 않은 일이다. 나도 책을 써봐서 그 마음을 잘 안다. 자료를 조사해서 원고를 완성하고, 출판사와 계약하고 나서도 제작 여건상 바로 책이 나오지 않는다. 어떤 때는 원고를 완성하고도 수년 동안 출간되지 못해서 내용을 전면 개정한 적도 있다. 그 시간과의 싸움은 매우 답답하다.

Y 씨도 슬럼프에 빠졌을 무렵 그랬을 것이다. 몇 개월에 걸쳐 책한 권을 완성해서 출판사에 보내도 응답을 받기란 매우 힘들다. 긴시간 동안 피드백을 받지 못한다는 이유로 작가들이 무너지곤 한다. 그러나 Y 씨는 인터넷 연재 덕분에 빠른 피드백이란 보상을 받았다. 비록 금전적인 보상은 아니었지만, 그에게는 계속 작품 활동을 해나갈 힘이 되었다.

가능한 한 빠르게 피드백을 받을 수 있는 시스템을 마련해놓는다면 공부도 결코 어렵지 않을 것이다. 스터디그룹은 피드백을 서로 주고받는 좋은 방법이다. 스터디그룹이라고 해서 꼭 서로 얼굴을 맞대고 공부해야 하는 건 아니다. 소셜네트워크를 이용해서 그날그날 공부한 것을 게시물로 올리는 것만으로도 피드백이 된다. 예를 들어 피트니스 스터디그룹은 그날 한 운동량과 몸매 변화 사진을 공유하면서 서로 피드백을 준다.

또한 피드백은 가시적이어야 한다. 1990년대 대우전자에서세제를 사용하지 않는 세탁기를 출시한 적이 있다. 세탁기 자체는 당시로서는 매우 획기적인 것이었다. 세제 비용을 아끼는 경제적 효과와 더불어 세제 때문에 생기는 환경오염, 알레르기까지예방할 수 있을 것으로 기대됐다. 게다가 당시 실험 결과로는 세제를 사용한 것과 비슷한 세탁 효과를 보였다. 그야말로 세탁기의 혁명이었다. 이 세탁기를 사용하지 않을 이유가 전혀 없어보였다.

그러나 무세제 세탁기는 시장에서 철저히 외면받았다. 물론 타사와의 경쟁이나, 외환 위기 등의 외부적 요인도 있었지만 가장 결정적인 요인은 아이러니하게도 이 세탁기가 세제를 사용하지 않는다는 것이었다.

무세제 세탁기는 세제를 넣지 않기 때문에 당연히 거품이 안 난다. 당시 인식으로는 세탁기에 세제를 듬뿍 넣어 거품이 부글부글 올라와야 비로소 세탁한 기분이 들었던 것이다. 성능과 상관없이 사람들은 무세제 세탁기에 대한 믿음이 없었다.

내가 어떤 행위를 했다면 눈에 보이는 피드백이 있어야 안심하고 계속 그 행위를 한다. 세탁을 했으면 거품이 나야 하는 것처럼 말이다. 이런 사례는 여러 가지가 있다. 샴푸나 치약의 거품도 마찬가지다. 거품에는 거의 아무 효과가 없다. 그럼에도 불구하고 거품이 나지 않는 세제는 효과가 없어 보이기 때문에 일부러 풍부한 거품을 만든다. 냄새를 없애는 것만으로 충분한 탈취제도 향을 첨가하고 나서야 판매가 늘었다고 한다. 냄새가 없어졌다는 잘 드러나지 않는 효과보다 향이라는 직접적 효과가 사람들을 더 자극한 것이다.

공부도 시각적 피드백을 마련하면 빠져든다. 공부의 양을 적어두거나 매일 일기를 쓰는 것은 매우 좋은 방법이지만, 염두에 두어야 할 것은 직관적으로 느낄 수 있는 시각적 기호를 사용해야 한다는 것이다. 일기처럼 노트에다 적은 후 꼭꼭 숨겨두면 아무 효과가 없다. 언제나 볼 수 있는 곳에 두어야 한다.

중국 음식점에서 배달을 시키면 쿠폰을 주는 업체가 있고 나무가 그려진 큰 전단지에 스티커를 붙여주는 업체가 있다. 보상은 비슷하다. 스티커나 쿠폰 40개를 모으면 탕수육 작은 것을 하나 준다. 보통 사람들은 쿠폰을 받아서 서랍 같은 데 넣어둔다. 그러다가 어느 날 모여 있는 것을 발견하고 세어보다가 40개가 넘으면 서비스 음식을 주문한다.

스티커를 냉장고에 붙이는 경우는 다르다. 처음에는 쿠폰을 서랍에 모아두는 사람과 별 차이가 나지 않지만 스티커가 스무 개 이상 냉장고에 붙어 있는 것을 확인하는 순간부터는 음식을 시키는 빈도에서 차이가 난다. 기왕이면 저 음식점에서 음식을 시키자는 마음이 든다. 냉장고에 음식점 스티커를 붙이는 걸 극도로 싫어하는 주부들이 많아져서 요즘은 대부분 쿠폰을 나눠주지만, 시각적 효과 면에서는 스티커형 쿠폰이 훨씬 뛰어나다.

공부도 여러 가지 시각적 피드백을 이용할 수 있다. 두꺼운 책을 읽을 때는 그날 읽은 부분에 포스트잇을 붙여라. 그리고 그 포스트잇은 떼지 말고 다음에 읽은 부분에 다시 포스트잇을 붙여라. 포스트잇이 늘어나는 것을 보면 시각적으로 뿌듯하고, 포스트잇의 간격을 보면 하루에 읽은 양을 측정할 수 있다.

유리용 색연필을 사서 거울이나 창문에 공부 양을 측정한 그래프를 그릴 수도 있다. 스마트폰 애플리케이션 중에도 이런 용도로 나온 것이 꽤 있다. 어떤 방법이든지 시각적 피드백을 얻을 수 있어야 한다는 것을 기억하자.

명심하라, 피드백이 당신을 공부하게 만든다.

CRAZY. 시각적인 피드백을 연구하라.

반드시 명심하라. 공부하는 습관이 어느 정도 궤도에 올랐는데
도 결과가 마음에 들지 않을 때. 그래서 양을 늘려야겠다는 생각
이 들 때가 멈춰 서서 영점을 잡아야 할 때다. 거꾸로, 모든 게 잘
되고 있다는 생각이 들 때도 일단 멈춰서 영점을 잡아라.

Part 4

영점을 잡아라

01
초심이 흔들리지
말아야 하는 이유

| 쇄신하라

리더십의 권위자 스티븐 코비 박사의 저서 《성공하는 사람들의 7가지 습관》은 가장 이상적인 자기 계발서로 손꼽힌다. 간절히 원하면 이루어진다는 미신적인 이야기가 아니라 실제 행동 습관을 어떻게 바꿔야 하는지를 잘 설명해주기 때문일 것이다. 이 책을 보다 보면 다음과 같은 에피소드가 나온다.

한 사람이 산에서 나무꾼을 만나 물었다.
"무엇을 하고 있습니까?"
그러자 나무꾼이 대답했다.

"보면 모르오? 이 나무를 베려고 톱질하고 있소." 대답했다.

"매우 지쳐 보이는군요. 얼마나 오랫동안 나무를 베었습니까?"

그 사람이 다시 큰소리로 물었다.

"다섯 시간 이상 이 일을 했소. 나는 지쳤소. 무척 힘든 일이오."

"그러면 잠시 시간을 내서 톱날을 가는 것이 어떻습니까? 그러면 일을 훨씬 빠르게 할 겁니다."

그러자 나무꾼은 말했다.

"내게는 톱날을 갈 시간이 없소. 왜냐하면 나는 톱질하느라 너무 바쁘기 때문이오."

스티븐 코비 박사는《성공하는 사람들의 7가지 습관》중 마지막 습관인 '끊임없이 쇄신하라'를 설명하는데 이 에피소드를 사용했다. 내가 말하고자 하는 CRAZY 실천법 중 '영점을 잡아라(Zero in your rifle)'라는 주제와 무척 어울리는 에피소드라 이를 차용했다.

동기를 만들고 계획을 세워서 열심히 실행하다 보면 두 가지 현상이 나타난다. 첫 번째는 정말 미쳐서 공부의 목적을 잊고 공부에 파고드는 현상이다. 물론 공부에 재미를 느끼는 것은 '복'이라고 표현할 정도로 좋은 일이지만, 왜 공부를 시작했는지를 잊으면 공부를 소유의 개념으로 잘못 인식하게 된다. 학문이 아니라 학위가 목표가 되는 현상이 그런 것이다.

공부에서 절대로 학위나 지위가 목표가 되면 안 된다고 1장에서 말한 적이 있다. 학위나 지위를 목표로 하면 지금 내가 하는 공부가 '더 나은 나'를 만드는 게 아니라, 공부의 가죽을 뒤집어쓴 노동이 된다. 학위나 지위는 궁극적인 목표로 가는 길에 거쳐야 할 도구일 뿐이다.

두 번째는 공부를 지속하지 못하고 동기를 잃어버리는 현상이다. 이런 사람은 동기를 잃어버린 것이 아니라 공부를 지속하지 못할 환경이 되었다는 핑계를 대거나, 다른 이유를 일부러 만들어낸다. 이를 '신 포도 효과'라 한다. 이솝우화에서 손에 닿지 않는 포도를 보고 '저 포도는 분명 실 거야'라고 말한 여우를 빗댄 표현이다.

이런 두 현상에 빠졌을 때 우리는 '영점'을 잡아야 한다.

영점이란

액션 영화를 보면 길에 떨어져 있는 다른 사람의 총을 집어 들고서도 백발백중 명중시키는 명사수가 나온다. 영점의 개념을 알고 있는 사람은 그게 다 허구란 것을 안다. 총알이 정확하게 날아가려면 총을 자신의 몸에 맞추는 과정을 거쳐야 하는데 이를 가리켜 영점을 잡는다고 한다. 사람마다 눈의 위치, 어깨까지의 거리가 다르기 때문에 조준간을 잘 조정해두지 않으면 아무리 명사수라도 엉뚱한 곳을 쏘고 만다.

공부도 마찬가지다. 아무리 열심히 공부해도 성적이 안 오를 때가 있다. 이때 공부의 양이 부족했다고 생각해서 양을 늘려봐야 아무 소용이 없다. 예를 들어 수학 성적이 오르지 않는다고 생각해보자. 문제를 적게 풀었다고 생각해서 문제 양을 늘려보아도 성적은 그리 오르지 않을 것이다. 보통 이런 상태에서 뒤로 물러서서 자신을 돌아보지 않으면 좋아하는 문제만 열심히 풀게 된다. 좋아하는 문제를 풀면 재미있고 공부를 열심히 하고 있다는 '착각'도 들기 때문이다. 공부 양을 늘려야겠다는 생각이 들 때가 바로 잠시 멈춰서 영점을 잡을 때다. 냉정하게 무엇이 부족한지를 살펴보자. 점수가 안 나오는 부분은 삼각함수인데, 미분만 붙잡고 있었을 수도 있다. 영어 공부에서는 단어가 부족한데 독해만 파고들었을 수도 있다.

반드시 명심하라. 공부하는 습관이 어느 정도 궤도에 올랐는데도 결과가 마음에 들지 않을 때, 그래서 양을 늘려야겠다는 생각이 들 때가 멈춰 서서 영점을 잡아야 할 때다. 거꾸로, 모든 게 잘되고 있다는 생각이 들 때도 일단 멈춰서 영점을 잡아라. 잘되고 있다는 생각이 들 때가 더 위험하다. 잘못된 길을 하염없이 걷고 있었을 수도 있다. 잘되고 있다고 생각했기에 더욱 멀리 나갔을 것이다. 아이러니하게도 가끔 멈추면 결과를 향해 더 빨리 간다.

4장에서는 "난 이래서 공부하다가 포기했어요"라고 말하는 사람에게 해주는 조언이 많다. 특히 초심을 찾는 세 가지 방법을 이야기할 것이다. 사람마다 사정이 다 다르기 때문에 이 세 가지 중 자신의 처지에 맞는 방식에 더 신경 쓰면 될 것이다.

02
어떤 상황이라도
공부할 수 있다

"처음에는 열심히 했죠. 정말 미친 듯이 했습니다. 그런데 몇 달 전에 아기가 태어나고부터는 통 공부를 못 하겠어요. 제가 공부하던 방에 지금은 유아용품만 가득합니다."

어디선가 많이 들어본 이야기다. 우리가 아무리 공부를 열심히 하려고 마음먹었어도 몇 개월이 지나고 나면 환경이 바뀐다. 그러면 어떻게든 편한 쪽으로 향하려는 우리 마음이 환경 변화를 핑계로 이용한다.

위에서 하소연한 사람은 처음에는 '아내의 임신'이 공부를 하려는 동기였다. 가족이 한 명 더 생기니 좀 더 발전적인 일을 해보고 싶었던 것이다. 그런데 정작 아이가 태어나니까 시간도 없고 공간도 없다며 공부를 포기하려 한다. 영점을 잡아야 할 순간이다. 아이의 얼굴과 아내의 얼굴을 바라보며 처음 동기를 떠올려보자. 왜 내가 공부를 시작하려 했는가를 생각하면 없던 용기가 조금이나마 날 것이다. 그리고 공부 방식을 바꾸자. 공부란 한 가지 방식으로만 할 수 있는 게 아니다. 지금까지 공부를 해왔다면 공부의 느낌을 알 것이다. 그 느낌만 유지할 수 있다면 어떤 방법도 좋다.

환경을 바꾸는 방법은 수없이 많지만 내가 추천하는 방법은 '생각하는 시간을 늘리는 것'이다. 공부는 대부분 생각하는 과정으로 이루어진다. 문제를 풀고 외우는 활동은 생각하는 과정의 다른 측면이다. 생각은 언제 어디서나 할 수 있다. 실행의 비율을 약간 줄이더라도 생각을 많이 하면 그만큼 효과를 볼 수 있다.

만약 아이가 태어나면서 이전에 두 시간 하던 공부를 한 시간밖에 못한다면 나머지 한 시간은 아이를 안고 산책하면서 생각하고 또 생각하라. 방금 전 공부했던 것을 반복해서 생각하면 그중 확실한 지식은 내 것이 된다. 이전보다 진도는 느려지겠지만 확실한 내 것으로 만든다는 측면에서 효과는 더 탁월하다.

어떤 사람은 심지어 생각으로 실험까지 한다. 아인슈타인이 상대성원리를 발견할 때 생각 실험을 했다는 이야기는 아주 유명하다. 당시에는 아인슈타인의 이론을 실험할 만한 기술이 없었다. 아인슈타인은 모두 머릿속으로만 실험했다. 예를 들어 비행기 안에 있는 사람이 동전을 떨어뜨렸다고 상상해보자. 비행기 안에 있는 사람은 동전이 직선으로 떨어졌다고 생각할 것이다. 그런데 땅 위에 있는 사람이 관찰하면 그 동전은 포물선 운동을 하는 것처럼 보일 것이다. 그러므로 운동과 거리는 절대적인 게 아니라 상대적이다. 이런 식으로 빛의 속도와 가까운 속도로 움직이는 물체를 상상하면서 아인슈타인은 상대성이론을 완성했고, 결국 실험으로 아인슈타인의 생각 실험을 실제 실험으로 증명했다.

이렇게 생각의 힘은 위대하다. 어떤 환경이라도 생각만 할 수 있다면 그것이 바로 공부다. 바뀐 환경 탓을 하지 말고 내가 정한 목표에 대한 생각을 끊임없이 해보자.

CRAZY. 생각을 열심히 하는 것도 공부다.

누구에게라도 배울 수 있다

공부를 중도에 포기한 사람 중에는 "공부를 하다 보면 답답할 때가 있는데 배울 데가 없습니다"라고 토로하는 사람들이 있다. 이런 사람들은 공부란 기본적으로 '내가 하는 것'이라는 기본명제부터 깨달을 필요가 있다. 다른 사람에게 무언가를 배우는 시기는 학교를 졸업하면서 이미 끝났다. 학교를 졸업하고 나면 질문에 대한 답을 찾는 과정 자체가 공부다.

실로 정보화 시대다. 내가 알고 싶은 것에 대해 이미 답을 가진 사람을 찾는 건 무척 쉽다. 엄청난 고등 기술이 아니라면 검색 몇 번으로도 답을 찾을 수 있다. 그런 과정을 반복하다 보면 점점 더 빨리 답을 찾게 된다. 학생 시절에는 모르는 게 있으면 학원에 가거나 선생님에게 물어봤다. 그때는 답이 어디 있는지 확실히 알고 있었다. 그러나 학생의 신분에서 벗어나면 답이 어디 있는지 찾는 것이 바로 노하우다. 빨리 답을 찾는 훈련만 제대로 되어 있어도 남들보다 빠르게 성과를 낼 수 있다.

우리는 '공부' 하면 먼저 학교를 떠올리고 다음으로 선생님, 교과서, 학생들을 생각한다. 그러다 보니 학교를 졸업하면 공부가 끝났다고 생각하거나, 학교에서 공부할 때와 같은 방식으로 하려고 한다. 만일 공부가 학교에서만 가능하다면 평생 학교를 다녀야 한다. 아니면 학교를 졸업한 후에는 공부와 담을 쌓아야 한다.

그러나 진짜 공부는 일을 하면서, 사람들을 만나면서, 현장에서 하는 것이다. 공부에 관심이 있는 사람들은 함께 있는 사람들로부터 배울 것을 찾는다. 공부에 관심이 없으면 아무리 훌륭한 선생이 곁에 있어도 무용지물이 된다. 눈을 들어 주변을 보라. 무엇을 배울 것인지 찾아보라.

"세 사람이 길을 같이 걸어가면 그중에 반드시 스승이 있다"고 공자가 말했다. 선한 사람이 있으면 그 사람의 행실을 따르고, 선하지 못한 사람이 있으면 그 사람의 행실을 보고 자신의 잘못을 고치라고 한다. 함께하는 사람이 좋은 사람이건 나쁜 사람이건 배움의 자세가 되어 있는 사람이라면 누구에게나 배울 수 있다는 말이다.

K 씨는 입사 3년차로 교육을 담당하고 있다. 어느 날, 지방 사업장으로 출장을 가는 길에 사장과 동행할 기회가 있었다. 그는 승용차를 타고 공항으로 갔다. 차 안에서 사장은 가방에서 책을 꺼내어 읽었다. 의외였다. 대합실에서 비행기를 기다리는 동안 K 씨는 텔레비전을 시청했다. 사장은 여전히 책을 읽었다. 비행기에 탑승하고 나서도 사장은 책을 손에서 놓지 않았다.

출장을 끝내고 K 씨는 사장 비서를 찾아갔다. 사장이 어떤 책을 구입하는지 가르쳐달라고 했다. 그때 비서가 적어준 것은 주로 경영 혁신에 관한 책자와 소설 몇 권이었다. K 씨는 그날 서점에 가서 똑같은 책을 구입했다. 그리고 읽었다. 출퇴근 시간에는 지하철에서 읽고 점심시간에도 읽었다. 휴일에는 집에서 독서에 몰입했다. 사장이 주로 보는 책이 전문서적 수준이어서 속독으로는 이해가 되지 않아 정독을 했다.

1년에 걸쳐 사장이 읽은 것과 같은 책을 구입해서 읽었더니 신기한 일이 일어났다. 이전에 사장이 직원 교육에서 말하면 마치 뜬구름 잡는 소리 같고 그것이 회사 경영에 어떤 도움이 되는지 이해가 되지 않았는데, 공부하고 나서는 사장의 말이 이해되었다.

1년이 지나면서는 사장이 어떤 것을 요구할 것인지 예측이 가능해졌다. 사장이 하는 말이 대부분 책에 있었기 때문이다. K 씨는 사장의 말을 가장 잘 알아듣는 직원이 되었다.

K 씨가 알아낸 것이 또 하나 있었다. 사장은 책 속에 있는 내용을 마치 자신의 생각처럼 말했다. 마치 자신이 저자인 듯했다. 그러한 태도도 배울 만하다고 생각한 K 씨는 자신의 말투를 바꾸었다. 책에 있는 내용을 자신의 의견처럼 말했다. 그러다 보니 K 씨의 화법이 사장의 화법과 비슷해지기 시작했다. 사람들은 K 씨를 '리틀 사장'이라 불렀다.

주변에 관심을 가져라. 어떤 사람들이 있는가? 그들로부터 배울 것이 무엇인지 살펴보라. 보이지 않던 것이 보일 것이다. 관심을 가지면 어떤 상황이라도 공부할 수 있다. 그러면 새로운 세상이 보이게 될 것이다. 아무리 주변을 둘러보아도 배울 만한 사람이 없다면 유명인 중에 롤모델로 적당한 사람을 골라라. 이왕이면 시대가 오래 지난 위인보다 현시대의 사람이 좋다. 그래야 따라 하기 편하고, 배운 지식을 바로 써먹을 수 있다. 그 사람이 쓴 책을 읽고, 그 사람이 보는 책을 보고, 그 사람처럼 생각하려고 노력해보라. 그러면 그 사람과 비슷해진다. 그건 롤모델로부터 배움을 얻은 것이나 마찬가지다.

CRAZY. 배우고자 하면 누구에게라도 배울 수 있다.

03
일기 쓰기와 자기 긍정으로 중심을 잡아라

| 내가 무엇을 하고 있는가

    JAL(Japan Airlines)은 일본을 대표하는 항공사였다. 한때 세계 3대 항공사였으며 일본의 자존심으로 불리기도 했다. 그러나 계속되는 경제 불황으로 적자에 빠진 JAL은 2010년 상장폐지라는 최악의 상황에 이르고 말았다.

    회사의 사정이 최악으로 치달아도 JAL의 직원들은 국가가 책임져줄 것이라는 안일한 생각을 했다. 수조 단위의 적자가 나도 사원들은 '내 일'이 아니라고 생각했다. JAL을 이대로 주저앉힐 수 없었던 채권단은 회생을 위해 이나모리 가즈오(稻盛和夫)를 회생 책임자로 임명했다. 이나모리 가즈오는 교세라의 창업자로 실패를 모르는 경영의 신이라 불리는 사람이다. 특히 투지와 아메바 경영이라는 특유의 경영 스타일로 유명하다.

JAL 직원들은 이나모리 가즈오가 회장에 취임하는 것에 대해 마뜩잖게 생각했다. 이나모리 가즈오가 아무리 경영을 잘한다고 해도 JAL이라는 거대 기업을 회생시킬 수는 없을 것이라고 여겼다. 게다가 투지를 불사르고 고객을 우선으로 생각하라는 그의 경영 방침을 케케묵은 예전 방식이라고 생각했다.

이나모리 가즈오 회장은 자신의 경영 방침을 직원들에게 전달하기 위해 주 4회씩 리더들을 대상으로 교육을 실시했다. 회생 업무만으로도 바쁜데 이런 교육은 시간 낭비라고 사람들은 생각했다. 그럼에도 그는 직원들을 철저하게 교육했다. 회사를 그냥 다니는 것이 아니라, 직원 각자가 자신이 이 회사의 이익에 어떤 도움이 되고 있는지를 알아야 한다고 생각했기 때문이다.

그래서 그는 JAL에 아메바 경영을 도입했다. 아메바 경영이란 모든 사업 부서를 개별적인 조직으로 상정하여 각 조직마다 지출과 수익을 계산하는 방법이다. 아메바 경영은 '시간당 생산성'이라는 지표를 상당히 중요하게 간주한다. 각 조직별 이익을 계산하고 각 개인이 한 시간에 얼마만큼 이익을 올리는지 정확하게 수치를 제시한다.

이렇게 철저하게 교육하고 각자의 눈앞에 '수치'를 제시하자 직원들이 변하기 시작했다. 내가 지금 회사를 위해 무엇을 하고 있는지 정확히 알게 된 것이다. 이전까지 직원들은 각자의 월급만 생각했다. 그런데 시간당 생산성이라는 지표가 눈앞에 보이자, 수익을 올리는 실질적인 활동을 하기 시작했다.

결국 이나모리 가즈오의 방법은 성공했다. 상장폐지 2년 8개월 만에 JAL은 재상장되었고, 흑자 경영을 하기 시작했다. 이전까지 상장폐지된 회사가 재상장된 최단 기록은 7년이었다. 이렇게 기적적으로 JAL을 살려낸 원동력은 직원 각자에게 '내가 무엇을 하고 있는지' 알려준 것이다.

공부도 마찬가지다. 내가 무엇을 하고 있는지 알아야 흔들리지 않는다. JAL 직원의 눈앞에 '시간당 생산성'이라는 지표가 주어졌듯이 공부하는 각자에게도 지표가 주어져야 한다. 공부하는 사람에게는 바로 공부 일기가 지표가 된다. 매일 무엇을 공부했는지를 일기로 쓰면 '내가 무엇을 하고 있는지'가 눈앞에 보인다. 단순히 쓰기만 해도 말이다. 여기 단순히 기록하기만 해도 결과가 나온다는 사례가 있다.

2009년 한 연구 기관은 비만인 1600명을 모집해서 일주일에 한 번이라도 먹은 것을 기록하라고 말했다. 다이어트에 도움이 될 만한 행동은 따로 지시하지 않았다. 그런데 놀랍게도 6개월 후의 결과를 보니 일기를 쓴 사람은 쓰지 않은 사람에 비해 두 배나 더 몸무게가 줄었다. 먹은 것을 기록하다 보니 이전에는 미처 신경쓰지 않았던 잘못된 식습관이 눈에 보이고, 뒤늦게라도 그렇게 하지 않으려고 스스로 노력했기 때문이다. 이들에게는 먹은 양을 기록한 것이 바로 '시간당 생산성'이었다.

일단 써라! 그러면 보일 것이다.

일기는 생산성이다

K 상무는 신입 사원이 들어오면 회사 생활에 필요한 자세를 말해주고 일기장을 준다. 그리고 1년 동안 일기를 쓰도록 한다. 그가 이렇게 신입 사원들에게 일기장을 주게 된 사연이 있다.

K 상무가 신입 사원이던 시절 부서에 배치되었는데, 1주일간의 오리엔테이션 후 바로 업무를 받았다. 누가 업무를 가르쳐주지도 않았다. 업무에 대한 지시 사항을 받고 그 사항들을 처리하는 것이 전부였다. 지적받고 다시 하면서 스스로 업무를 터득해갔다.

당시 회사에서는 개인마다 노트를 나눠주며 스스로 목표를 정하고 그 달성 여부를 체크하게 했다. 지시받은 사항만을 수행하던 그는 매일 기록할 것이 없었다. 그런데 당시 그를 담당하던 과장이 K 상무의 노트를 보고는 기록할 것이 없으면 출근해서 퇴근할 때까지의 일, 행동, 대화, 보고 느낀 것, 사람을 만난 것 등을 기록해보라고 지시했다. 그날부터 K 상무는 업무 계획과 실행 여부를 기록했고 하루의 일과를 일기로 쓰기 시작했다. 3개월 동안 하루도 빠지지 않고 일기를 썼지만 별로 쓸 만한 것이 없었다.

어느 날 그는 기술 개발 회의에 참석했다. 그런데 두 시간 동안 계속된 회의에서 기술자들이 발표하는 말을 알아들을 수 없었다. 그는 그날 일기장에 '모르는 말이 너무 많았다'라고 기록했다. 그날부터 그는 회사 기술 용어집을 구해 읽으며 모르는 것은 일기장에 기록했다. 그리고 회의 중에 이해되지 않는 것은 기록해 두었다가 일기장에 썼다. 이렇게 하다 보니 회의 시간에 꿔다놓은 보릿자루처럼 가만히 앉아있던 그가 하나둘 발언하기 시작했다. 일기장 효과가 나타난 것이다. 그 효과를 실감한 그는 일기장을 몇 가지 항목으로 구분해서 사용하기로 했다.

〈나의 일기장〉

A. 업무 사항

  1. 오늘의 계획

  2. 오늘의 완결 업무와 미결 업무

B. 특기 사항

  1. 오늘의 대화: 이런 대화가 오고갔다. 대화의 분석.

  2. 오늘의 아이디어: 나의 아이디어, 다른 사람들의 아이디어, 어떻게 활용할까?

  3. 오늘의 명언:

  4. 오늘의 종합: 오늘의 업무와 특기 사항에 대한 전체적인 소감

그는 가능한 모든 항목을 기록했다. 그러다 보니 점점 업무에 자신감이 생겼고, 대화를 두려워하지 않게 되었다.

아이디어를 기록하는 습관은 사물에 대한 관심을 높였다. 하루의 명언은 긍정적인 생각을 하게 하는 계기가 되었으며, '오늘의 종합' 부분은 사건을 간단히 정리하는 기술을 습득하게 했다.

'적자생존'이란 적는 자만이 생존한다는 뜻이라는 우스갯말이 있다. 둔필승총(鈍筆勝聰)은 둔한 기록이 총명한 머리를 이긴다는 말이다. 선생님이 가르치기를 포기한 에디슨에게는 3400권의 메모 노트가 있었다고 한다. 생각한 대로 일이 진행되지 않는다면 1년 일기장을 만들어라. 매일 그날의 것을 정리해보라. 일기장이 쌓이면 아이디어 뱅크가 되고 역사가 된다.

인간에게 1년은 한 살을 먹었다는 것과 인생의 소중한 경험을 쌓았다는 의미를 동시에 가져다준다. 물리적 시간은 누구에게나 똑같이 주어지지만, 일기를 쓰는 사람과 안이하게 시간을 보내는 사람의 시간은 질적으로 다르다. 똑같이 입사해서 승진하는 사람이 있는가 하면 퇴출당하는 사람도 있다. 같은 장소에서 동일한 식단으로 식당을 운영하지만 손님들이 줄을 서는 식당이 있는가 하면 파리만 날리는 식당도 있다.

똑같은 1년을 보내더라도 매일을 기록하며 공부하는 사람과 대충 시간을 보내는 사람의 부가가치가 어떻게 동일하겠는가? 두 명의 시간당 생산성은 분명히 차이난다. 문제는 대충 시간을 보내는 사람은 기록을 하지 않기 때문에 차이가 난다는 사실도 모른다는 것이다. 손님의 입맛을 사로잡기 위해 매일 일기를 쓰며 공부하는 주방장과 자신의 솜씨를 손님들이 알아주지 못한다고 불평하는 주방장, 손님들은 누구의 손을 들어주겠는가?

딱정벌레, 메뚜기 등 곤충들의 생활 관찰에 미친 프랑스의 곤충학자 파브르는 곤충의 세계를 세상에 널리 알린 사람이다. 그는 곤충의 생활을 관찰하는 과정에서 일기를 썼다. 그것이 《파브르 곤충기》란 책이 되었고, 그가 발간한 책은 베스트셀러가 되었다. 곤충을 미친 듯이 관찰하고 공부한 것이 경제적인 도움이 되었고 그 자신을 세계 속의 인물로 격상시키는 계기가 되었다. 기록하지 않았다면 그의 호기심이 지속될 수 있었을까?

이순신 장군은 생사의 갈림길에 선 전장에서 매일 일기를 썼다. 그것이 바로 《난중일기》다. 그는 진중의 생활, 전투 상황 등 일상사를 매일 기록했다. 누구에게 보이기 위한 것이 아니었다. 일상에서 발생한 일들을 기록하면서 현장을 공부했다.

그의 눈에 비친 일상은 여느 사람의 일상과 달랐다. 그가 해야 하고, 고쳐야 하고, 만들어야 하는 일상이었다. 그는 눈에 비친 일상을 마음으로 받아들이며 미친 듯이 관찰하고, 정리하고, 결론을 도출하며 자신만의 전쟁 원칙을 만들었다. 기록을 보며 이기는 방법을 터득했고 전쟁에서 100퍼센트 승률을 기록했다.

기계적으로 하루하루를 반복하는 삶은 지겹기도 하다. 그렇지만 어떤 공부든 숙달하기 가장 좋은 방법은 반복이다. 머리가 좋은 사람일수록 반복의 기술을 활용한다. 반복을 지겹다고 생각하는 사람일수록 1년 일기장을 만들고 매일 반복해서 기록해보라. 그 기록이 모여 당신의 보물이 될 것이다.

긍정을 담아라

피그말리온 효과란 무언가에 대한 사람의 믿음, 기대, 예측이 실제로 일어나는 현상을 말한다. 피그말리온이라는 명칭은 그리스 신화 속의 피그말리온 왕에서 유래되었다. 피그말리온 왕은 자신이 조각한 여성상을 진심으로 사랑하여 아내로 삼고 싶어했고, 이를 지켜본 미의 여신 아프로디테가 그의 소원을 들어주어 조각상을 인간으로 만들어 주었던 것이다.

1964년, 샌프란시스코의 한 초등학교에서 '하버드식 돌발성 학습능력 예측 테스트'라는 지능 테스트를 했다. 학급 담임에게는 앞으로 수개월 안에 성적이 오르는 학생을 확인하는 조사라고 설명했다. 조사를 마친 연구원들은 앞으로 성적이 오를 학생들이라며 선생님에게 명단을 줬다.

그러나 조사는 실제로 아무런 의미가 없었고, 선생님에게 준 명단은 무작위로 뽑은 것이다. 그것을 모르는 선생님은 명단에 있는 학생들에게 기대를 품었고, 실제 그 학생들의 성적이 향상되었다. 명단에 있던 학생들이 자신이 기대를 받고 있다는 것을 알고 더 열심히 공부한 결과였다.

기대하면 이루어진다. 그 기대에 부응하려고 자기도 모르게 더 노력하기 때문이다. 《시크릿》을 포함해 여러 책에서 '열심히 바라면 이루어진다'라고 주장하는 이유가 아마도 이런 자기암시의 효과를 극대화해서 표현한 것이 아닌가 한다.

자아실현적 예언(Self-fulfilling prophecy)이라는 말도 있다. "내가 무엇이 될 것이다"라고 예언을 하면 그 예언 때문에 이루어진다는 말이다. 예언을 했기 때문에 그에 맞추려고 행동한다는 뜻이다. 애초에 사명서를 쓰라고 한 이유도 여기에 있다. 사명서 자체가 자아실현적 예언의 성격을 띠고 있다. 사명서의 메시지를 일기에 지속적으로 쓰면 자아실현적 예언이 더 강화된다.

스스로에 대한 기대가 당신을 계속 앞으로 나아가게 해준다. 반대로, 일기를 비관적으로 쓰면 점점 위축된다. 이루려고 한 것을 다 못 이루었다 하더라도 긍정적인 방향으로 일기를 쓰면 상황도 점점 긍정적으로 변한다는 사실을 반드시 기억하라.

CRAZY. 자아실현적 일기를 써라.

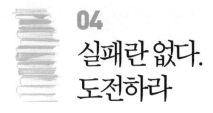

04
실패란 없다.
도전하라

어떤 공부든 무조건 가치 있다

공부에 미치려면 적당한 피드백이 있어야 한다. 그런데 어떤 공부는 아무리 해도 피드백이 오지 않는다. 흔히 국가고시를 준비하는 사람들이 피드백이 오지 않아서 무기력에 빠지곤 한다. 몇 년을 공부해도 계속 제자리걸음이라는 생각이 들기 때문이다. 여기서 다시 초심을 되찾아야 한다. 공부를 왜 시작했는지를 떠올려보자. 그리고 한 가지 더 믿음을 가져야 할 것이 있다. 지금 하는 공부는 어쨌든 나를 변화시킨다는 믿음 말이다.

요즘 전 세계적으로 새로운 형태의 지식에 대한 관심이 높다. 일본 호쿠리쿠국립대의 노나카 이쿠지로(野中郁次不郎) 교수를 비롯해 지식을 연구하는 학자들은 지식에는 두 가지 종류가 있다고 강조한다. 이전까지 우리기 흔히 접한 지식은 형식지(形式知, Explicit knowledge)다. 형식지는 외부로 드러나는 지식이다. 남에게 말할 수도 있고, 글이 구체적인 형상으로 남길 수 있다. 반면 암묵지(暗默知, Tacit knowledge)는 '학습과 체험을 통해 개인에게 습득되지만 겉으로 드러나지 않는 지식'을 말한다. 아무리 공부를 해도 피드백이 오지 않는 지식은 암묵지 형태로 우리의 뇌 속에 남아 있다. 그러다가 우리가 인지하지 못하는 순간에 밖으로 드러난다.

말콤 글래드웰의 《블링크》에 재미있는 사례가 있어서 소개한다.

1983년 9월 캘리포니아 폴게티박물관에 한 미술상이 찾아와 자신이 6세기경의 대리석상을 하나 가지고 있다고 했다. 그것은 쿠로스상이라고 불리는 조각인데, 왼쪽 다리를 앞으로 내뻗고 두 팔은 허벅지 옆에 붙인 청년의 나체상을 말한다.

이 조각상은 지금까지 200여 개가 발견되었지만 대부분은 훼손된 채로 발견되었다. 그런데 이 미술상이 가지고 온 쿠로스상은 거의 완벽한 상태였다. 미술관 측은 혹시 이 조각상이 가짜는 아닐지 의심해서 최첨단 기기로 분석하고 지금까지 발견된 쿠로스상과 비교했다. 결과는 '진짜'라고 나왔다. 박물관 측은 이 조각상을 구입하기로 결정했다. 이들이 책정한 금액은 1000만 달러에 달했다.

그런데 몇몇 전문가들은 이상하다는 느낌을 받기 시작했다. 미술사학자 페데리코 제리(Federico Zeri)는 박물관 복원실에서 처음 조각상을 본 순간 '손톱' 부분에 신경이 쓰였다. 그 이유는 몰랐다. 그리스 조각의 권위자 애블린 해리슨(Evelyn Harrison)은 박물관 측이 조각상을 인수하기로 했다고 말하자 "그건 유감이로군요"라고 말했다.

해리슨은 자신이 왜 그렇게 말을 했는지 이유를 알 수 없었다. 전 메트로폴리탄미술관 관장인 토머스 호빙은 이 조각상을 처음 보는 순간 '새것(Fresh)'이라는 단어가 떠올랐다. 그 역시도 자세한 이유는 몰랐다. 이후에도 전문가들은 이 조각상을 보는 순간 뭔가 이상하다는 느낌이 든다고 했다.

박물관 측은 다시 한 번 조각상을 조사하고 수차례 연구를 거친 결과 이 조각상이 '모조품'이라는 결론에 다다랐다. 과학적으로 분석해서 '진짜'라고 판명 난 조각상인데도 어떻게 전문가들은 처음 보는 순간 뭔가 이상하다고 느꼈을까(이 책의 제목인 '블링크'는 바로 이런 번쩍 하는 순간 깨닫는 진실을 말하는 단어다). 전문가들은 한 분야를 끊임없이 공부한 사람들이다. 지식이 뇌 속에 암묵지로 남아 있었기에 '뭐라고 딱히 말할 수는 없지만 아닌 것 같다'는 직관이 든 것이다.

습관에 대해 말할 때도 공부를 반복하면 시스템2가 시스템1로 옮겨 간다고 말한 적이 있다. 마찬가지로, 외부로 드러나는 성과가 없다고 하더라도 우리 지식은 암묵지라는 형태로 계속 축적된다.

그래서 적절한 순간에 밖으로 드러난다. 그것을 믿어라. 지금 당장 밖으로 드러난 성과가 없어도 결코 공부에 실패한 게 아니다. '아직' 드러나지 않은 것뿐이다. 어떤 공부든 손해가 되는 공부는 없다.

CRAZY. 쓸데없는 공부는 없다.

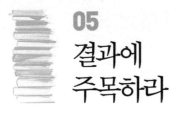

05
결과에
주목하라

| 세상은 결과를 중요시한다

　피드백이 없어서 방황하건 작은 실패를 해서 좌절하건 간에 모든 상황을 한방에 정리할 수 있는 방법이 있다. 바로 원하는 결과를 내는 것이다.

　축구 경기를 보자. 볼 점유율이 상대 팀보다 현저히 낮고 방어하느라 허둥지둥해도 상대 팀보다 한 골만 더 넣으면 승리한다. 그러나 아무리 볼 점유율이 높고 상대 팀의 문전을 수없이 위협했어도 상대 팀보다 한 골이 모자라면 패배한다. 선수들이 열심히 뛰었든 어슬렁거렸든 골을 넣은 팀이 칭찬을 받는다. 유명한 골게터는 한 경기에 수십 번의 슛을 난사한다. 그중 한 골만 제대로 들어가면 승리의 일등 공신이 된다. 중간에 실수나 작은 실패를 한 것은 결과만 낸다면 다 지난 일이 된다. 작은 결과라도 결과에 집중하자.

스스로 "난 최선을 다했다. 죽을 고생을 했다"고 말하면서 결실이 없어 고개를 숙인다면 얼마나 억울한가? 밤을 새워서 과제를 완성했는데 "이게 뭐야?"라는 소리를 듣는다면 그 마음이 어떨까? 정초에 야심찬 계획을 세웠지만 결실을 본 것이 없다면 그 계획이 잘못된 것이거나 실행을 잘못한 것이다.

책 한 권을 읽더라도 끝까지 읽어라. 몇 장 보다 말고 다른 책을 구입해서 다시 읽기 시작하는 어리석음에 빠지지 마라. 그것은 완성이 아니다. 끝까지 보고, 그래도 모르는 것이 있으면 모른다고 체크하고, 체크된 부분은 처음부터 또다시 보라. 시작한 일은 중도에 포기하지 말고 마무리하라. 일본에서 공부의 신이라 불리는 야마구치 마유는 어떤 책이든 일곱 번을 읽으면 이해가 된다고 했다. 그렇게 한 권을 마무리해서 책장에 꽂히는 결실을 보고 행복을 느껴라.

도저히 결과가 나오지 않는다면 기대 수준을 낮춰라. 어떤 수단을 동원하더라도 결실을 맺어라. 그 정도는 누구나 하는 것이라며 비난을 받아도 개의치 마라. 우선 성공 경험을 만들어야 한다. 그래야 또 다른 성공에 도전할 수 있다. 1년 만에 에베레스트 산을 오르고 싶은가? 우선 뒷동산 등산에 성공하라. 그리고 목표를 에베레스트에서 북한산으로 낮춰라. 이런 성공 경험을 바탕으로 다음 1년 계획을 잡아라. 작은 성공을 연속으로 이룰 수 있는 계획을 짜라고

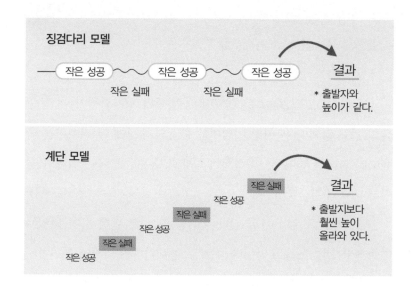

한 건 다 이런 이유 때문이다.

공부하다 보면 중간에 분명 슬럼프가 찾아온다. 작은 성공이 연속으로 일어나지 않는다면 더 작은 성공을 목표로 삼아라. 그래서 그 작은 성공을 발판으로 조금 더 큰 성공으로 발판을 밟아서 나아가라.

머릿속에 그림을 그려보라. 우리는 징검다리가 아니라 계단을 오르고 있다. 작은 성공과 실패를 반복하며 더 큰 결과를 얻으러 가는 것이다. 출발지와 같은 높이가 아니라는 뜻이다. 계속 높은 곳을 향해 가고 있으니 결과에 주목하라.

CRAZY. 인생은 계단식으로 나아간다는 것을 항상 생각하라.

'흑묘백묘(黑猫白猫)'는 1970년대 말부터 덩샤오핑이 취한 중국의 경제 정책이다. 어떤 이념이든 중국의 성장에 더 기여하는 쪽을 선택한다는 말이다. 이 정책이 그대로 적용된 중국은 이제 명실상부 대국의 길을 걷고 있다.

모로 가도 서울만 가면 된다는 속담이 있다. 어떤 식이 되었든 결과에만 신경 쓰라는 말이다. 목표로 향해간다면 과정에 연연하지 말고 어떤 것이라도 취해서 결실을 맺어라. 결과에 미쳐보라. 목표의 높고 낮음에 집착하지 마라. 한 번 정한 목표라면 오직 성공시킨다는 생각만 하라. 중도에 포기하지 마라. 미친 듯이 파고들어라. 성공의 기쁨을 맛보며 결실을 거두어들이고 싶다면 어떤 과정을 거치든 상관하지 마라.

개그맨 정종철은 아들이 다니는 유치원에 가서 원어민 선생님과 면담을 했다. 그는 거기서 한 마디도 하지 못했다. 아들이 아빠의 영어 실력을 지적하자 그는 영어 공부를 시작했다. 우선 영화를 보면서 대사를 그대로 따라했다. 하루에 여섯 시간을 듣고 두 시간은 말하는 식으로 영어를 공부했다. 두 달쯤 지나서 대사가 들렸고 지금은 영어를 유창하게 구사한다.

대사를 그대로 따라하는 것은 집중력 없이는 불가능하다. 건성으로 시간을 채운 것이 아니다. 그 과정이 중요하지만, 만일 그가 영어를 못하면서 하루 여덟 시간을 공부했다고 말하고 다닌다면 사람들은 그의 말을 단순한 개그로 받아들였을 것이다. 그러나 그는 결과를 가지고 말했다. 결과가 확실하기에 그의 공부 방법을 따라 하는 사람들이 줄을 잇고 있다.

나는 지금 결과에 신경 쓰라고 말하는 것이지, 부도덕하게 수단과 방법을 가리지 말라고 말하는 게 아니다. 그 부분은 오해하지 말기를 바란다. 각자의 도덕적 판단에 맞게 행동해야 끈기를 잃지 않고 공부할 수 있다. 이 부분은 2장 사명서 부분에서 '반드시 도덕적 판단을 고려하라'는 말과 맥을 같이한다.

한 가지 더 말하면, 도덕은 '절대 변하지 않는 가치 판단'이 아니다. "내 도덕적 기준에 맞지 않아서 그런 것까지는 못 하겠어요"라고 말하기 전에 자신의 도덕적 기준이 과연 무엇인지 다시 한 번 생각해보라. 혹시 도덕적 기준이라고 말한 것이 그저 자존심은 아닌지 말이다.

미국의 도덕심리학자 조너선 하이트(Jonathan Haidt)는 미국의 공화당과 민주당의 도덕적 가치를 비교했다. 조너선 하이트는 한 논문에서 민주당 지지자는 배려와 공평성에 신경을 많이 쓰는 반면 공화당 지지자는 배려, 공평성, 충성심, 권위, 고귀함 등에 골고루 신경 쓴다고 말했다.

그러자 민주당 지지자들이 "공화당은 그렇게 도덕에 많은 신경을 쓰지 않는다"며 항의 메일을 보냈고, 공화당 지지자들은 "우리도 공평성에 많은 신경을 쓴다"고 항의해왔다. 다만 공화당 지지자들은 자신들이 열심히 노력해서 번 돈을 아무 노력도 하지 않는 게으름뱅이에게 쓴다는 것이 불만이라고 했다. 하이트는 보수주의자들이 진보주의자들보다 공평성에 신경을 덜 쓴다는 자신의 생각이 틀렸음을 알았다. 그들은 모두 공평성에 신경을 썼다. 다만 공평성의 기준이 서로 달랐을 뿐이다.

수렵인은 동물을 사냥해서 생활한다. 어느 날은 사냥을 많이 할 수 있지만 한 마리도 못 잡는 날도 있다. 누군가는 사냥에 성공하지만 다른 누군가는 사냥에 실패한다. 그러나 수렵 부족은 한 사람이 사냥에 성공하더라도 고기를 모두 나눠먹는다. 오늘 사냥에 성공한 사람이 내일 실패할 수도 있기 때문에 누가 잡든 공평하게 나눠 먹는 게 생존에 유리하다고 판단해서였다.

반대로, 농업 부족은 노력에 의존한다. 농작물은 노력한 만큼 거둘 수 있고 사냥한 동물과는 달리 저장할 수 있으므로 노력의 결과물을 축적하기도 한다. 따라서 게으름을 피워서 농작물을 거두지 못하는 사람을 벌주는 것이 더 나은 결과를 보였다. 농부도 공평하고 수렵인도 공평하다. 결국 도덕은 개인과 사회의 필요에 따라 얼마든지 달라질 수 있다는 말이다.

다시 처음으로 돌아가서 "이렇게까지 해야 해?"라는 생각이 들 때 다시 생각해보라. 그렇게 하지 못할 이유가 정말 도덕적 판단 때문인지, 아니면 개인의 자존심 때문인지.

물성이 보이도록 하라

눈에 보이는 피드백이 바로 나타날 때 효과가 좋듯, 결과 역시 바로 눈에 보이는 것이 좋다.

우리는 흔히 임무를 완수하면 결과가 따라올 것이라고 생각한다. 하지만 잘 생각해보면 공부는 임무를 완수했다고 해서 결과가 뒤따르는 행위가 아니다. 회사 업무는 아무리 작은 임무라도 완수하면 수익이라는 눈에 보이는 결과가 나온다. 이나모리 가즈오의 시간당 생산성이 이를 잘 보여준다.

그러나 공부는 다르다. 오늘 참고서 한 권을 마스터했다고 해서 결과로 이어지지는 않는다. 30대와 40대에게는 리더십과 인간관계를 공부하라고 추천했는데, 이런 공부를 해서 어떤 결과를 남길 수 있는가? 암묵지가 중요한 것이기는 하지만, 그래도 눈에 보이는 결과물이 없으면 노력을 지속해나가기 힘든 것도 사실이다. 이제 '임무 완수는 결과가 아니다'라는 내 말을 이해했을 것이다.

그래서 나는 눈에 보이는 결과를 만들 것을 추천한다. 임무를 완료했을 때 어떤 형태든 결과물이 남는다면 도중에 포기하고 싶다는 생각이 들지 않는다. 결과물을 남기는 좋은 방법은 책을 쓰는 것이다. 자신이 공부하는 분야에 대한 책을 집필한다는 생각으로 공부하라. 60대 이후에 해야 할 일로도 추천한 방법이다. 자주 추천하는 이유는 확실히 눈에 보이고, 게다가 물성까지 있는 결과물이 남기 때문이다.

출판 여부는 나중에 생각해도 된다. 멋진 노트 한 권이 남아도 좋다. 스포츠 등 몸으로 하는 공부를 하는 사람이면 그날 한 훈련과 몸의 변화, 경기 결과 등을 기록하고 사진으로 찍어서 프린트하라. 그것이 책꽂이에 점점 쌓이면 역시 '결과'가 된다. 그것도 손에 만지고 언제든지 다시 꺼내볼 수 있는 결과물이다. 이렇게 만지고 볼 수 있는 결과물, 즉 물성이 있는 결과물은 동기 유지에 큰 도움이 된다.

세상은 변화하고 있다. 1990년대는 DTP(Desktop Publishing) 시대였다. 매킨토시 컴퓨터가 보급되면서 활자는 사라졌고, 책상 위에서 컴퓨터로 책을 편집해 레이저 프린터로 원고를 뽑아내는 시대가 된 것이다. 이때부터 책의 접근성은 더욱 쉬워졌다.

그리고 1990년대 후반부터 2000년대 초반에 다시 한 번 혁명이 일어난다. 인터넷의 보급이 그것이다. 이제 책의 형태가 아니라 전자 문서의 형태로 누구나 콘텐츠를 세상에 내보일 수 있는 시대가 된 것이다. 그럼으로써 콘텐츠가 더욱 풍부해졌다. 쉬운 출판과 다양한 콘텐츠 덕분에 이제 책을 출판하고 싶은 사람이라면 누구든 책을 낼 수 있다. 출판사의 도움을 받지 않아도 개인 출판을 할 수 있다.

또, 독자와 저자의 간극이 그리 넓지 않은 시대가 되었다. 미래 학자 앨빈 토플러는 그의 저서 《부의 미래》에서 프로슈머 (Prosumer)의 시대가 올 것이라고 예측했다. 프로슈머란 생산자와 소비자 간의 장벽이 무너져서 생산자가 곧 소비자가 되는 것을 말한다.

현재의 출판 시장은 프로슈머인 상태다. 그러므로 책을 쓴다는 것 자체를 겁내지 마라. 좋은 콘텐츠만 생산하면 얼마든지 출간할 수 있고, 정 안 되면 개인 블로그라도 만들 수 있다. 블로그는 물성은 없지만 다른 사람에게 내보일 수 있으므로, 그것 또한 결과물로는 손색이 없다.

이제부터 결과에 주목하라. 눈에 보이는 결과를 낼 수 있다는 희망을 품고 그것이 현실이 되는 것을 목격하라. 그러면 흔들리지 않고 1년간 충분히 미쳐 있을 수 있다.

> **CRAZY.** 눈에 보이는 결과를 만들어라.

1년은 미래를 낙관하기에 가장 좋은 기간이다. 가진 재능을 더욱 더 빛나게 하고 싶다면 1년간 미친 듯이 공부해보라. 재능을 발견하지 못했다면 하고 싶은 것을 미친 듯이 공부해보라. 부족함이 보충될 것이다. 1년만 미친 듯이 공부하면 행복에 이를 수 있는 다음 1년이 당신을 기다리고 있을 것이다.

Year theory

Part 5

1년의 법칙

01
왜
1년인가?

우리는 지금까지 동기를 만들었고, 계획을 세웠으며, 실행에 대해 배웠고, 초심을 유지하는 법까지 익혔다. CRAZY 실천법에서 C-R-A-Z까지 온 것이다. 이제 Y가 남았다. Y를 소리 나는 대로 읽으면 '와이'다. 즉 Why가 남았다. 근본적인 질문으로 돌아온 것이다. 그 질문은 "미치도록 공부하는 것은 다 좋은데 '왜' 하필 1년인가?"이다. 이번 장에서는 그 질문에 답을 하며, 지금까지 배운 것을 총정리할 것이다.

1년이란 기간을 산정한 이유는 가장 합리적인 기간이기 때문이다. 공부를 하고 나서 무언가 결과를 남기기까지의 최소 기간이다.

하루, 일주일, 한 달 만에 결과를 남기는 건 쉽지 않다. 사람들은 쉽게 결과가 눈에 보이기를 원한다. 그래서 4주 완성 다이어트 같은 것이 인기를 끈다.

하지만 실제 전문가들에게 물어보면 4주 만에 살을 빼는 건 몸을 망치는 길이라고 말한다. 전문 보디빌더들은 시즌기와 비시즌기를 나누어서 전문적으로 살을 찌우고 빼기를 반복한다. 영양 조절도 철저히 하고, 몸을 위해 사시사철 1년 내내 끊임없이 노력한다. 그들이 시즌기에 단기간에 몸을 만든 것처럼 보여도 그 과정 전부를 합하면 결코 4주 만에 완성한 몸이 아니란 말이다.

일반인이 4주 만에 몸을 만드는 건 무리이며, 4주 만에 몸을 만들었어도 잠시 잠깐 몸이 좋아졌다는 착시일 뿐 실제 건강해진 것은 아니다. 제대로 된 트레이너라면 조금씩 습관을 개선해서 한 달에 1킬로그램 정도를 줄이라고 말한다. 그래서 1년에 10킬로그램을 줄이면 그것이 제대로 된 다이어트이며 건강에 도움이 되는 것이다. 이처럼 제대로 된 결과는 단기간에 나오는 게 아니다.

우리가 미치려고 하는 이유는 결과를 보기 위해서다. 그 결과를 제대로 볼 기한이 최소한 1년이기 때문에 내가 이 책에서 1년을 강조하는 것이다.

02
1년으로 무엇을
할 수 있는가

　　이번 장에서는 1년이란 기한에 어떤 성과를 이룬 여러 사례를 살펴볼 것이다. 이 사례에 등장하는 인물의 실명을 밝힐 수는 없지만 모두 우리와 같은 보통 사람들이다. 그들은 1년 동안 무엇을 이루었는지 살펴보자. 그들이 할 수 있으면 우리도 할 수 있다.

│ 도약

　　침체된 경기 때문에 기업은 사원 채용을 예년보다 축소하는 추세다. 취업문이 바늘구멍이라 채용 공고가 나면 청년들이 구름 떼같이 몰려든다. 기업의 인사 담당자들도 난감해한다. 요즘 청년들에게 미래의 꿈을 묻는 것은 의미가 없다. 현실에 발목이 잡혀 감히 미래를 말하지 못하는 경우가 대부분이기 때문이다.

이런 현실을 깨달은 S 씨는 취업을 포기하고 쇼핑몰 운영에 도전했다. 그는 매일 새벽 4시에 일어나 동대문 시장으로 가서 쇼핑몰 운영에 필요한 상품을 사왔다. 여름에는 4시가 조금 지나면 먼동이 트기 시작하지만 겨울에는 7시가 되어도 깜깜하다. 얼어붙은 길을 걷다 넘어지기도 하고 길가에 주차했다가 주차 위반으로 벌금을 물기도 했다.

상품을 판매했다고 해서 일이 끝난 것이 아니었다. 세심한 주의를 기울여도 고객의 클레임과 반품이 발생하거나 재고가 쌓인다. 이익이 나는 것 같았지만 3년이 되자 자본금이 바닥났다.

그는 주변 사람들에게 어떻게 할 것인지 조언을 구했다. 대부분의 사람들이 경기가 어려우니 취업을 하라고 권유했다. 자기 사업만을 고집할 필요가 없다는 말이었다.

아버지는 이왕 취업을 하려면 대기업을 선택하라고 했다. 복리 후생이 좋고 인사 시스템이 정비되어 있어 능력을 제대로 인정받는다는 것이었다. 친구 중에서 대기업에 다니는 사람이 있는데 그래도 중산층 이상의 생활을 유지하며 잘살고 있다는 것이 이유였다.

그러나 삼촌은 아버지와 생각이 달랐다. 대기업은 급여가 높고 복리 후생이 잘되어 있는 반면, 별을 보고 출퇴근을 해야 하고 경쟁이 심해서 인간미가 없다고 했다. 그러면서 이전에 도전한 적이 있는 관세사 시험에 재도전하라고 했다. 전공을 살리라는 말이었다.

선배들은 벤처기업을 추천했다. 마이크로소프트, 페이스북, 알리바바를 예로 들면서 초창기에는 어렵지만 궤도에 오르면 그 파워가 상상을 초월한다는 것이 이유였다. 그런 회사가 바로 청춘을 불사를 회사라고 했다.

S 씨는 여러 조언을 생각하며 고민하다가, 삼촌의 말대로 자신이 잘할 수 있는 분야이며 장래에 필요한 분야라고 생각한 관세사 시험에 도전하기로 했다. 도전할 분야를 선택하고 나니 마음이 홀가분했다. 3년간 공부와 담을 쌓고 다른 일을 했지만 다시 공부하는 것에 두려움은 없었다.

사업에 실패한 쓰라린 경험이 있기에 시험에 도전하는 그의 각오도 만만치 않았다. 절박함이 있어 공부에 더욱 집중할 수 있었다. 새벽부터 밤늦게까지 쇼핑몰을 운영한 경험이 장시간 공부하는 데 도움이 될 줄은 몰랐다. 시험공부 이외에는 모든 활동을 중단하고 스마트폰도 버렸다. 스스로의 공부에 대해서는 이기적이 되기로 한 것이다. 학원 수업이 끝나면 바로 도서관으로 가 공부하면서 공부의 끈을 놓치지 않았다.

1년간 독한 마음으로 계획에 따라 행동한 결과, 1년 후에 그는 관세사 시험에 합격했다. 그에게 1년이라는 기간은 '도약'이었다.

전환

비서인 A 양은 취업을 했지만 계약직의 굴레를 벗어나지 못했다. 고용이 보장되지 않으니 계약이 끝나면 또 다른 자리를 찾아 전전했다. 가족들은 그녀의 속도 모르고 정규직으로 취업하라고 성화였다. 그럴 때마다 그녀는 직장 생활이 체질에 맞지 않는다는 핑계를 댔다. 전형적인 '신포도 효과'다. 그녀의 핑계가 수년간 지속되자 가족들도 지쳤는지 더 이상 간섭하지 않고 내버려두었다.

사실 A 양은 어느 직장에 소속되느냐에 연연하지 않았다. 계약직이다 보니 업무상 책임질 것이 별로 없는 점도 좋았다. 언제든지 그만둘 수 있고, 여행을 떠날 수도 있어 부담도 없었다. 오히려 조직에 얽매여 눈치 보며 생활하는 정규직이 불쌍해보였다.

그러나 나이가 서른을 넘으면서 생각이 변하기 시작했다. 안정된 직장 생활을 하는 친구들이 부러웠다. 또래들은 대리나 과장으로 불리는데 그녀는 언제나 'A 양'으로 불렸다. 계약이 끝나면 회사를 옮겨야 했고, 급여는 항상 신입 사원 수준이었다. 직장을 옮기려 하면 이제는 나이가 걸림돌이 되기 시작했다.

어느 날 그녀는 TV에서 2군으로 강등된 야구 선수가 1군으로 복귀하려고 땀 흘려 훈련하는 모습을 보았다. 마음이 짠했다. 큰 감동을 받은 그녀는 TV 프로그램 때문이든 뭐든 마음속에서 동기가 일었다. 다음 날 아침, 그녀는 출근하자마자 담당자를 찾아가 계약직에서 정규직으로 전환된 경우가 있는지를 물어보았다. 간혹 있다는 말을 들은 그녀는 정규직에 도전하기로 결심했다. 그리고 그날부터 평소와는 달라져야겠다는 다짐을 하고 비서로서 당장 할 수 있는 일을 정리했다.

첫째, 항상 미소 짓고 상냥한 말투를 사용한다.

둘째, 자료 정리는 제시간에 끝낸다.

셋째, 퇴근 시에는 끝내지 못한 일이 있는지 체크한다.

넷째, 담당 임원의 일정은 수시로 업그레이드한다.

다섯째, 결재된 서류는 담당자가 찾으러 오기 전에 보낸다.

여섯째, 주말에는 전문비서양성학원에 등록해서 교육을 받는다.

그녀는 1년간 한글 속기, 워드프로세스, 영어 회화 등 비서직에 필요한 소양을 미친 듯이 공부했다. 이런 노력의 결과가 서서히 드러나더니 급기야 정규직보다 일을 더 잘하는 직원으로 소문이 났다. 계약 기간이 만료될 즈음 인사부에서 그녀를 불러 정규직으로 근무할 의향이 있는지 물었다.

A 양에게 지난 1년은 '전환'이었다. 그녀는 목표에 다가가려면 지금 하고 있는 일을 열심히 해야 한다는 단순한 진리를 깨닫고 그대로 실천한 것이다.

회사원 최준호 씨는 동료들과 함께 제1회 그레이트 퍼시픽 레이스(Great Pacific Race)에 참가했다. '그레이트 퍼시픽 레이스'는 미국 캘리포니아에서 보트를 타고 태평양 한가운데에 있는 하와이까지 총 4040킬로미터를 노 저어가는 경주다. 바람이나 동력의 도움을 받지 않고 오로지 노만 저어서 가야 하는 극한의 경주다. 말이 4040킬로미터지, 조류 때문에 직선으로 이동할 수 없어서 실제로는 5600킬로미터가 넘는다. 파도를 맞으며 노를 저어서 서울에서 부산까지 여섯 번은 왕복해야 하는 것이다.

그런데 하루에 열두 시간씩 노를 저으며 나아가는 도중에 최준호 씨가 탄 배의 로잉 시트(Rowing sheet)가 부서졌다. 로잉 시트란 노를 저을 때 다리의 힘을 노로 전달해주는 의자다. 태평양 한가운데서 부서진 로잉 시트를 고칠 방법은 없었다.

최준호 씨는 당황했으나 이 상황을 벗어나는 방법은 더 열심히 노를 젓는 것밖에 없다고 생각했다. 어쨌든 하와이에 도착해야 지옥 같은 노 젓기를 멈출 수 있기 때문이다. 최준호 씨와 동료들은 부서진 로잉 시트 위에서 더 열심히 노를 저었다. 이들은 결국 43일 만에 1등으로 하와이에 도착했다. A 양도 최준호 씨와 마찬가지로 정규직이 되려고 방향을 튼 게 아니라 지금 현재의 일에 최선을 다했던 것이다.

CRAZY. 지금 하고 있는 일을 미친 듯이 하는 게 도약이다.

C 씨는 대기업에 부품을 납품하는 협력 회사의 사장이다. 그는 단일 품목을 하나의 기업에만 납품하는 현실이 가시방석에 앉은 것처럼 불안했다. 현재의 거래처는 탄탄한 회사로 대금 지급은 확실하지만, 매년 경영이 어렵다며 혁신을 통해 고통을 나누자고 이야기하곤 했다. 그러면서 단가를 동결하거나 내린 적도 있었다. 이런 상황에 대해 조금이라도 불만을 말하려고 하면 거래처 다변화 등의 이야기를 꺼내며 입을 막아버렸다. 거래처 다변화는 C 씨가 해야 할 말인데, C 씨가 거래처를 다변화한다고 말하면 대기업 담당자는 경쟁사에는 납품을 자제하라며 은근히 압박했다.

그럼에도 불구하고 C 씨는 새로운 거래처를 개척하기로 마음먹었다. 먼저 지역상공회의소를 방문하여 여러 기업체를 조사했다. 그 내용을 토대로 거래할 수 있는 회사를 선택해서 몇 회사의 사정을 집중 공부했다. 회사의 경영과 제품 상태, 주가에 집중했다. 사전에 연락을 하고 방문하거나, 혹시 연락이 닿지 않아도 계획된 회사는 어떻게라도 방문했다. 휴일 외에는 1년간 하루도 방문을 중단하지 않았다. C 씨에게 거래처 다변화는 '절실함'이었고, 회사 방문은 그가 선택한 공부였다.

특히 사업이 확장되고 있는 회사에는 더 많은 관심을 기울였다.

기존 거래처가 있었지만 개의치 않았다. 기존 거래처에 대해서도 철저히 공부했다. C 씨는 성공에 초점을 맞추었다. 공부하는 것만큼은 이기적이 되기로 한 것이다. 눈치를 살피며 어정쩡한 태도를 취하지 않았다. 목표를 주시하고 발품을 팔며 철저히 공부하고 그대로 실천했다.

1년간의 노력과 정성이 통했는지 세 개의 회사와 거래를 시작하게 되었다. 더불어 생산 품목도 늘어났다. 단일 품목으로 하나의 기업에만 납품하던 현실에서 벗어나니 가시방석에 앉은 것처럼 불안했던 C 씨의 마음도 편안해졌다. C 씨에게 지난 1년은 '확장'의 시간이었다.

결실

연말이 되면 사람들은 지난 한 해를 반성하고 다음 해에 무엇을 할 것인지 생각하며 한 해의 계획을 수립한다. 이때 직업이나 사회적인 역할 그리고 개인의 취향에 따라 계획에 포함되는 것이 각기 다르기 마련이다. 어떤 사람에게는 필요한 것이 다른 사람에게는 소용없는 것이 될 것이다.

매년 한 권의 책을 출간하는 것을 목표로 삼고 있는 K 씨는 책을 출간하려면 두뇌에 많은 정보가 입력되어 있어야 한다고 생각한다.

그렇기에 언제나 책을 끼고 생활한다. 그가 읽는 책은 책상 위에만 있는 것이 아니다. 침대, 소파, 화장실 등 곳곳에 있다. 책이 없을 때는 스마트폰에 다운받아 놓은 책을 읽는다.

외출할 때는 가방에 두 권의 책을 넣어가지고 다닌다. 가볍게 읽을 수 있는 것과 몇 번이라도 반복해서 읽어야 하는 교과서 같은 기본서가 그것이다. 그의 가방 속에는 집필 중인 책의 목차와 떠오른 생각을 기록할 수 있는 몇 장의 백지를 넣은 비닐 파일도 있다.

그는 가끔 일부러 시간을 내 전철에서 독서를 한다. 자주 사람이 붐벼서 시끄럽고 산만한 곳이라 독서에 집중할 수 없을 것 같으나 오히려 너무 조용한 곳보다 집중이 더 잘된다. 단, 자리를 잡을 수 있어야 한다. 자리를 잡지 못하면 책을 읽기가 어렵다. 이런 경우를 대비해서 그는 백팩이나 크로스백을 메고 다닌다. 짐이 많을 때도 두 손에 자유를 주기 위함이다.

도서관에서 자료를 수집할 때는 우선 원하는 책들이 있는 책장을 선택한다. 선택한 책장에서 제목을 보며 읽을 책을 고른다. 선택한 책은 먼저 머리말과 목차를 살펴본 뒤에 읽을 것인지 책꽂이에 꽂아둘 것인지를 결정한다. 이렇게 해서 읽기로 결정한 책을 자리에 가져가서 읽으며 필요로 하는 자료가 있는지 확인한다. 공부는 언제 어디서나 할 수 있다는 것을 실천한 것이다.

책을 읽을 때는 키워드를 정해놓는다. 키워드를 생각하면서 독서하면 읽는 속도가 빨라지고, 책 내용 중에서 필요한 자료와 공감

되는 부분이 뚜렷이 보인다. 막연히 열심히 읽을 때와는 달리 깨닫는 속도도 빠르다.

때로는 오늘의 키워드를 정하고 생활한다. 오늘의 키워드가 있으면 일상적인 대화를 소홀히 하지 않게 된다. 대화 속에 오늘 정한 키워드에 해당되는 내용이 있는지 자신도 모르게 집중한다. 산책, 운전, 등산, 방송, 영화 감상, TV 시청 중에도 키워드와 연관된 것을 떠올린다.

이처럼 하루 일과를 글쓰기 주제에 초점을 맞추어 생활하며 1년간 미친 듯이 공부한 그는 1년에 한 권의 책을 발간하는 작가로서의 위치와 재능을 선물로 받았다. 그에게 1년은 책이라는 '결실'을 맺은 시간이었다.

준비

자기계발 강사인 D 씨는 1년간 강연 스케줄이 잡혀 있는 중견 강사다. 그는 강연으로 바쁜데도 짬을 내 공부를 하지만, 자신이 변화를 따라가지 못하는 것 같은 자괴감에 빠질 때도 많다. 때로는 강연을 하면서 미안한 마음을 가지기도 했다. 사람들은 괜한 겸손이라고 말하지만 그의 마음은 편치 않았다.

어느 날 그는 공부하다가 미국의 전 대통령 레이건이 카드 연설

문을 활용한다는 내용에 마음이 끌렸다. 레이건 대통령은 청중을 매료시키는 연설에 능했는데, 그 배경에는 그가 만든 카드가 있다는 것이었다. 대담에 필요한 카드 100여 장, 아리스토텔레스 등 명사들이 남긴 명언 카드 400여 장 등 총 500여 장의 카드를 만들어 장소와 주제에 따라 적절히 사용했다는 것이다.

D 씨는 이것에 착안해서 강의 카드 500장을 만들기로 했다. 그는 매일 새로운 소재가 적혀 있는 강의 카드를 1년 동안 하루도 거르지 않고 만들었다. 강의 카드를 만들다 보니 일상이 눈에 보이기 시작했다. 신문 기사나 TV의 코미디 프로그램도 강의 카드를 만들기 좋은 소재가 되었다.

강의 카드는 공부할 때마다 생각을 정리하게 만들었고, 어렴풋이 알았던 상식을 전문 지식으로 탈바꿈하게 해주기도 했다. 물성이 보이는 결과를 만듦으로써 더욱 공부가 되는 선순환에 들어선 것이다. 1년간 자료를 수집하여 카드로 만드는 과정에서 D 씨는 보이지 않던 것이 보이는 느낌을 받았다. 500장의 카드를 모두 완성한 날에 D 씨는 도가 튼다는 말의 의미를 그제서야 이해할 것 같았다. 그 뒤로 그의 강의 내용은 더욱 풍성해졌다. D 씨에게 1년은 더 나은 미래를 위한 '준비'의 한 해였다.

시작할 때는 누구나 끝장을 볼 것이라 말한다. 그러나 곧바로 게으름의 달콤함이라는 유혹에 넘어간다. 작심삼일은 남의 일이 아니다. '적당하게 하자'라는 말이 초심의 뒷다리를 잡는다. 끝장을 보는 방법은 오늘 할 일을 오늘 끝내는 것이다. 오늘 하루의 일은 겨우 하루치의 무게일 뿐이지만, 오늘이 내일로 미뤄지면 누적된다. 티끌이 모여서 태산이 되듯 밀린 하루치는 견딜 수 없는 부담이 된다.

아무리 본받을 만한 사례가 있어도 적용하지 않으면 그림의 떡일 뿐이다. 오늘 적용해야 한다. 오늘 적용하지 못한다면 무용지물이다. 내일은 그것을 적용할지 어떨지 모르기 때문이다. 내일은 그저 내일일 뿐이다.

자기계발을 하고 싶다면 매일 자기계발 카드를 한 장씩 만들어보라. 아침에 일어나 집을 나서면서 주제를 정하고 생각해보라. 그리고 잠들기 전에 카드를 정리해보라. 자기 계발 강사인 D 씨처럼 하루도 쉬지 않고 1년간 만들어보라. 그러면 당신은 언제 어디서든지 당신만의 고유한 색깔을 나타낼 수 있는 멋진 사람이 될 것이다.

이처럼 사람들은 각자의 사례로 자신의 훌륭한 1년을 만들어냈다. 이처럼 우리도 1년이면 무엇이든 할 수 있다.

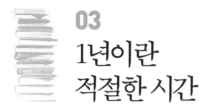

03
1년이란
적절한 시간

| 순환이다

순환이란 변화 과정이 주기적으로 반복되는 것을 말한다. 자연은 하루를 일출과 일몰로 완성하고 동일한 하루를 반복한다. 또 한 해는 춘하추동으로 동일한 한 해를 반복한다. 이처럼 자연은 순환 과정을 시각적으로 보여준다. 이런 흐름에 익숙한 인간은 하루의 일을 해가 뜰 때 시작하고 해가 지면 마무리한다. 또 1년간의 일은 정초에 시작해서 연말에 끝난다.

농사를 생각해보자. 봄에 씨를 뿌리고 가을에 거둬들인다. 식물의 생장은 대부분 계절에 맞게 1년이라는 순환 주기를 가지고 있다. 인간은 수천 년 동안 그런 자연의 섭리에 맞춰 살아왔다. 밤에 잠을 자듯 1년마다 결실을 거둬들이는 생활을 해왔다. 그런 섭리에 맞춰 우리도 1년간 미친 듯 공부해서 결실을 맺고 이를 순환하며 살 수 있다. 그것이 자연의 섭리다. 자연을 거스르지 않을 때 우리의 삶은 가장 자연스럽다.

1년이란 세월은 인간의 의지와 상관없이 흘러간다. 치밀한 계획을 세운 다음 의욕적으로 실행한 사람에게든 가만히 쉬고만 있었던 사람에게든 1년이란 세월은 똑같이 지나간다. 사람에 따라 차별하지도 않는다. 대통령이든 일반 시민이든 1년이란 세월은 동일하게 주어진다.

노련한 농사꾼은 계절에 따라 해야 할 것을 알고 있다. 그러나 초보 농사꾼은 시행착오를 겪으며 조금씩 익혀간다. 직장 생활도 이와 다를 바 없다. 신입 사원은 선배들의 가르침이 없으면 무엇을 해야 할지 알지 못한다. 그러나 한 해를 지내면서 점차 요일별, 월별, 분기별로 무엇을 할지 알게 된다.

1년간 미친 듯이 노력해본 사람은 다음에 무엇을 반복해서 노력해야 할지 알 수 있다. 아무것도 하지 않고 1년을 보내면 다음 1년도 역시 아무것도 하지 않고 1년을 보내게 된다. 1년을 미쳐서 보내면 다음 1년도 미쳐서 보낼 수 있다. 그것도 조금 더 쉽게 말이다.

그래서 1년은 중요하다. 원래 그렇게 살게 되어 있기 때문이다.

또 다른 기회다

순환이란 말은 '또 다른 기회'란 말로 통한다. 인생은 단 한 번의 삶으로 마무리를 한다. 단 한 번의 삶이라면 살아 있는 한 해 한 해를 행복하게 살아야 할 것이다. 그러나 사람들은 한 해를 보내고 나서 "행복하게 살 수 있었는데" 또는 "그렇게 살지 말아야 했는데" 등 후회의 말을 한다. 지나간 그때는 돌아오지 않기 때문이다.

다행히 1년이 지나면 또 다른 1년이 온다는 것을 누구나 안다. 그래서 한 해를 미친 듯이 보내면 행복한 1년이 온다는 희망을 가질 수 있다. 그것이 1년만 미쳐보라고 자신 있게 말할 수 있고 또 평생을 공부에 미쳐 살라고 말하지 않는 이유다. 최소한의 결과를 낼 수 있는 1년을 미쳐 살면서 다시 찾아올 1년에 행복감을 느끼라는 말은 그래서 타당성이 있다.

노련한 사냥꾼은 사냥감을 일일이 쫓아다니지 않고 사냥감이 지나가는 길목을 지킨다. 그 길목에 그물을 치고 사냥감을 그곳으로 몰아넣는다. 기회가 오는 길목에서 기다리고 있는 것이다. 기회의 길목은 저절로 찾아지는 것이 아니다. 사시사철 1년을 미친 듯이 들판과 계곡을 돌아다니면서 어디에 동물이 지나다니는지 공부한 결과다. 1년간 동물의 흔적을 찾아다녔다면 다음 1년간은 동물이 지나다니는 길목에서 기다릴 수 있다.

다음 1년이 온다는 생각은 사람을 1년 동안 미치게 한다. 그리고 미쳐서 다음 1년의 행복을 맛본 사람은 그 미침을 유지하기 위해 다시 1년을 사용한다. 미침이 기쁨이 되는 순간이 온다. 그것이 우리가 늘 말하던 사람인 '복 받은 사람'이다. 행복(幸福)의 복(福)과 복 받은 사람의 복(福)이 같은 글자다. 미친 듯 공부해서 복 받은 사람이 되면 행복으로 나아갈 수 있다.

나는 1년에 한 권씩 책을 출간한다는 목표를 가지고 1년 내내 미친 듯이 공부하며 글을 쓴다. 밤낮을 가리지 않고 글 쓸 소재를 찾는다. 사람들의 말 한 마디에 주의를 기울인다. 한 권의 책이 완성되면 그것은 뒤로하고 또 다른 한 권의 책에 미쳐간다. 그렇게 해서 매년 한 권의 책을 쓰는 과정을 반복하였고, 지금까지 총 열여섯 권의 책을 썼다. 미친 듯이 글을 쓰다 보니 필력이 향상되었고, 사보나 신문사의 원고 청탁이 이어졌고, 더불어 강사로서 활동하는 또 다른 기회를 잡게 되었다.

한국전쟁 중에도 사업을 해서 재벌이 된 사람들이 있다. 남들은 모든 것이 잿더미로 사라졌다며 포기한 그 순간에 기회를 포착해서 성공의 발판을 만든 사람들이다. 변화를 주시하고, 또 다른 문을 찾아 나서고, 미래를 준비하며 목표를 완성하려고 미친 듯이 공부한 사람들이다. 1년만 미치면 행복한 1년이 온다는 걸 누구보다 일찍 알았던 사람들이다. 그러나 아무리 명석을 깔아주어도 그것이 기회라는 것을 알지 못하는 사람도 있다. 이런 사람에게 1년이란 그저 지나간 시간일 뿐이다.

1년은 미래를 낙관하기에 가장 좋은 기간이다. 가진 재능을 더욱더 빛나게 하고 싶다면 1년간 미친 듯이 공부해보라. 재능을 발견하지 못했다면 하고 싶은 것을 미친 듯이 공부해보라. 부족함이 보충될 것이다. 1년만 미친 듯이 공부하면 행복에 이를 수 있는 다음 1년이 당신을 기다리고 있을 것이다.

1년은 365일이기에 의미가 있다

"구슬이 서 말이라도 꿰어야 보배다."

다양한 스펙을 쌓았다고 아무리 큰소리를 쳐도 오늘 하는 업무에 활용하지 못한다면 그 스펙이 무슨 소용이 있겠는가? 미래에 대한 멋진 청사진이 있다며 뽐내도 오늘 아무것도 하지 않고 놀기만 한다면 그 청사진은 휴지와 다름이 없다.

오늘 흔적을 남기지 않는 사람은 오늘 존재하지 않은 사람과 다를 바가 없다. 존재하지 않은 사람이란 죽은 사람이다. 그러므로 아무것도 하지 않은 사람은 죽은 사람이나 마찬가지다. 과거에 연연하는 사람도 지난 세월에 묶여 지금은 존재하지 않는 상태라고 할 수 있다. 과거에 잘나갔다는 것은 오늘과 아무 상관없는 이야기다. 모든 시험은 현재 점수가 좌우한다. 과거에 아무리 좋은 점수를 받

앉아도 지금 좋은 점수를 받지 못하면 말짱 도루묵이다.

1년이란 기간이 의미 있는 이유는 현재 집중할 수 있는 하루라는 작은 단위가 모여 있기 때문이다. 그 작은 단위가 적절히 쌓일 수 있는 기간이 1년이다. 어떤 단위가 너무 크거나 작아지면 현실성을 잃는다.

어떤 은행의 직원이 1억 원을 횡령해서 도박으로 날렸다는 뉴스를 들으면 사람들은 혀를 찬다. 1억 원을 횡령한 것도 괘씸하지만 도박으로 날렸다는 사실에 더 분노한다. 나한테 그런 돈이 있다면 장사 밑천으로 쓸 텐데, 교육비로 쓸 텐데, 대출을 갚을 텐데 하고 그 돈을 자신의 일에 대입한다.

하지만 어떤 기업의 총수가 1조 원을 비자금으로 조성했다고 하면 '이런 나쁜 놈'이라고 욕을 하면서도 나와는 상관없다는 생각을 한다. 1조 원을 가지고 자신의 일에 대입하기 힘들기 때문이다. 장사 밑천으로? 교육비로? 대출금을 갚으려고? 1조 원은 너무 많다. '1000분의 1만 나한테 줘도 유용하게 쓸 텐데'라고 생각할 것이다. 그 정도가 대부분의 사람들이 생각하는 최대의 가치이다(1000분의 1도 10억이다).

이렇듯 상상할 수 없는 단위가 되면 사람은 내 일이 아니라고 생각한다. 1년은 기가 막히게도 내가 상상할 수 있는 시간의 단위가 모인 적당한 크기의 시간이다. 누군가 나에게 "한 시간만 최선을 다해라", "하루만 최선을 다해라"라는 말을 했다고 생각해보자. 한 시간이라는 기간에 최선이라는 말을 붙이는 것조차 왠지 어색하다.

한 시간 정도는 누구나 노력을 한다. 별로 어려울 게 없으니 각오를 다지지 않는다. 그러나 하루라면 각오가 필요한 기간이다. 어떤 회사에서는 아침에 조회를 할 때 전 사원이 모여서 하루의 각오를 다진다. 이때 "오늘도 최선을!"이라는 구호를 단골로 외친다. 이제 이 말의 의미가 '현재, 즉 오늘 하루에 집중하라'라는 것임을 알 것이다.

현재 내가 어떤 실력이 있는지에 늘 집중하라. 격투기 시합을 보자. 지금의 실력으로 싸우는 것이지 과거나 미래의 실력으로 싸우는 것이 아니다. 무패의 복서가 오늘 링에 오를 때 지지 않을 것이라 생각하며 오를까? 한 번도 지지 않은 복서라도 오늘 질 수 있다는 위험을 알고 있다. 그러기에 최선을 다한다. 오늘 최선을 다해야 내일도 무패의 복서라는 타이틀을 목에 걸 수 있다.

마케팅 부서에서 시장조사를 담당하고 있는 S 씨는 유학을 다녀온 엘리트 사원이다. 그는 요즈음 시장조사 리포트를 제대로 보고하지 못하고 있다. 제때 보고해도 내용이 미비해서 담당 상사의 손을 거쳐야 회의에 상정할 수 있다.

상사가 지적을 해도 시정이 되지 않는다. 오히려 엘리트 사원을 몰라본다며 불평을 한다. 참다못한 상사는 6개월 이내로 제대로 된 조사를 하지 못하거나 근무 태도가 향상되지 않으면 마케팅 부서에 있을 만한 적임자가 아니므로 지방 공장으로 전출을 상신할 것이라고 통지했다.

상사의 강경한 조치에 놀란 S 씨는 자신의 태도를 돌아보았다. 무엇이 잘못된 것인지 발견한 그는 수능 시험 공부를 하던 때의 심정으로 덤벼들었다. 시간 내에 답안을 작성해야 하는 시험을 생각했다. 핑계를 없애고 무조건 기한 내에 보고하기로 했다. 업무가 완료되지 않으면 그 부분만큼이라도 상사에게 중간보고를 했다.

그뿐이 아니다. 선생님의 말씀을 필기하듯이 철저히 메모했다. 잊어버리지 않기 위해서였다. "생각해보겠습니다", "내일 시작하겠습니다", "열심히 했는데 납기가 지났습니다" 같은 말은 입 밖으로 내지 않았다. 시험공부를 하듯 파고들다 보니 이전에 밤을 새우며 공부하던 생활 태도가 나타났다. 그를 보던 상사의 시선이 달라지기 시작했다.

이처럼 오늘의 실력은 오늘 인내할 때 향상된다. 인내한다는 것은 어제 인내하고 내일 인내하는 것이 아닌 바로 오늘 인내하는 것이다. 어제와 내일의 인내는 현실의 인내가 아니다. 힘든 일을 버텨내는 힘을 인내라고 하는데, 내일 인내할 것이 뭐가 힘들겠는가? 잠자고 싶어도 참고 공부하는 것은 오늘 힘든 일이다. 어제 참고 공부했다는 것은 인내가 아니라 경험일 뿐이다. 1년간 미치는 건 오늘 하루에 미치는 것이다.

1989년부터 2000년까지 프로 테니스 선수로 활동하며 메이저 우승 8회, 60회 단식 정상에 오른 안드레 애거시는 하루 2500개의 공을 쉬지 않고 쳤다고 한다. 그가 세계 최고가 된 것은 테니스 시합 당일에 최고의 컨디션을 유지했고 바로 그날 최고의 실력을 발휘했기에 가능했다.

이렇게 최선을 다할 수 있는 날이 참 '적절'하게 365일이나 있다. 여기서 적절하다는 말은 심리적인 분석이다. 과학적으로 365가 딱 좋다는 말이 아니다. 한번 365일이란 말에 대해 생각을 해보라. 최선을 다할 수 있는 날이 10일 정도 있다는 말과 1000일 정도 있다는 말도 한번 생각해보라. 365일 있다는 말이 그나마 적절하게 느껴질 것이다. 우리는 암묵지와 블링크라는 용어에 대해 배웠다. 365일이 적절하게 느껴지는 것도 우리가 살아오면서 몸속에 내재된 암묵지일 수도 있다. 그러니 1년이라는 기간을 적절하다고 생각하며 소중히 여기자.

CRAZY. 365일은 미치기에 '적절한' 기간이다.

적절한 기간에 적절하게 노력하자

소풍을 가면 보물찾기 놀이를 한다. 선생님이 보물 이름이 적힌 쪽지를 몰래 숨겨두고 학생들이 그 쪽지를 찾는다. 선생님은 쪽지를 소풍 장소 이외의 곳에 숨기지 않는다. 학생들이 찾을 수 있는 곳, 학생들이 놀고 있는 주변에 숨겨둔다. 조금만 생각하면 누구든지 찾을 수 있는 곳에 보물쪽지가 숨겨져 있다.

1년이라는 궤도 속에 인생의 답이 있고 보물이 숨어 있다. 궤도 속에 숨어 있는 보물은 누구나 찾을 수 있다. 바르게 눈을 뜨고 주위를 살피는 사람은 그 보물을 찾는다. 1년이라는 기한을 소중히 여겨 공부하는 사람은 보물이 어디에 있는지 알 수 있다. 그러나 눈을 뜨지 않고 주위를 살피지 않는 사람은 아무리 1년이라는 기간에 보물이 숨어 있다고 말해도, 자신이 보물을 밟고 있어도 그것이 보물인지 모른다.

보물을 찾는 적절한 방법이 바로 공부다. 공부에, 1년의 순환 속에 숨어 있는 보물이 어디 있는지 알려주는 보물지도가 있다.

세계에서 가장 유명한 토크쇼의 여왕 오프라 윈프리는 흑인에 대한 차별이 심한 미국 남부의 가난한 가정에서 태어났다. 14세에 미혼모가 되어 마약 복용, 부모의 이혼 등 순탄치 못한 인생을 살았다. 그녀는 공부로서 이 모든 악조건을 극복하고 당당히 일어서서 다음과 같이 말했다.

"멋진 삶을 살려면 공부하라. 읽지도 계산할 줄도 모른다면 멋진 삶을 누리지 못한다."

그녀는 어린 시절 아버지가 일주일에 책 한 권씩을 읽게 했다고 한다. 그것이 바닥에 떨어진 그녀의 인생을 바꾸는 계기가 되었다.

"노력하는 사람의 우수함에는 그 어떤 차별도 없다."

노력하는 사람, 공부를 해서 세상의 이치를 깨닫는 사람, 공부를 함으로써 무엇을 어떻게 하는지 알게 된 사람, 지금도 공부하고 있는 사람들에게는 태생, 인종, 장애 등 어떤 핸디캡도 차별의 대상이 되지 않는다는 말이다.

과거에 머물러 앞으로 나가지 못한다고 생각한다면 1년이란 기간을 정해서 미친 듯이 공부해보라. 당신이 하고 싶은 공부를 선택해보라. 당신을 위한 '지혜'라는 보물지도가 그 속에 있다. 그 보물지도를 따라가면 반드시 보물을 찾을 것이다.

아무리 주변에서 1년이 중요하다고 말해도 그것을 마음으로 느끼지 못하면 아무 소용이 없다. 1년 동안 공부하는 것은 바로 불행한 과거를 떨쳐버리는 것과 같다. 과학적인 증거를 모두 떠나서 1년이 정말 중요하다는 것을 마음으로 느껴라.

04
사회 시스템과
1년

│ 1년은 완성의 기간이다

나는 지금까지 1년이라는 기간이 중요하다는 것을 이해시키기 위해 인문학적으로도 호소하고, 심리학적으로도 호소했다. 그리고 무조건 받아들이라며 최면을 걸듯 주문도 걸어봤다. 5장 앞부분에서 봤던 내용이 모두 그런 노력의 산물이다.

그런데 이런 말을 하나도 이해하지 못한 사람이라도 고개를 끄떡일 만한 강력한 이유가 있다. 1년은 바로 사회가 약속한 기한이라는 것이다. 즉 학교에서 한 학년을 올라가는 기준도 1년이고, 회사에서 연봉 협상을 하거나 승진 심사를 하는 기간도 1년이다. 1년이 지나면 나이를 한 살씩 먹는데, 그 나이에 따라 사회에서 대접하는 정도가 달라진다. 즉 사회가 1년 단위로 돌아가기 때문에 1년이 중요한 기간이라고 말하면 그제야 고개를 끄떡인다.

아무리 고고한 체해봐야 우리는 사회의 일원이다. 사회가 1년 단위로 돌아간다면 우리의 노력도 그에 맞추는 것이 가장 효율적이다. 나 혼자 노력해봤자 1년에 한 번 치르는 공무원 시험을 혼자 가서 볼 수는 없다. 공부에 미친다는 것은 어느 때나 좋은 일이지만 1년간 미치는 게 가장 효율이 좋고 결과를 바로 확인할 수 있다. 이것은 진리다.

사회에서 바라는 1년

신입 사원으로 입사하면 보통 3개월의 수습 기간이 주어진다. 이 기간 동안 회사 생활에 필요한 규칙, 예절 그리고 회사의 전통 및 문화를 익힌다. 업무도 딱히 정해주지 않고 어떤 일을 잘하는지 관찰한다. 실수를 해도 나무라거나 따지지 않고 잘 모르고 그랬을 것이라 생각하며 이해해준다.

때로는 수습 기간 동안 복사, 식수통 교체 등 신입 사원이 이해할 수 없는 허드렛일을 시키기도 한다. 이에 실망한 사람들은 자신이 생각했던 직장이 아니라며 회사를 떠나기도 한다. 회사에서도 기대하며 선발한 사람이 기대에 미치지 못할 경우 수습 기간 중에

채용을 취소하기도 한다.

3개월간 주어지는 수습 기간은 조직 적응력을 길러주는 시간이다. 성과를 기대하는 시기가 아니다. 조직 생활을 할 수 있는 학습 능력을 습득하길 기대한다. 이 기간을 제대로 넘겨야 조직에 잘 적응할 수 있다는 자신감을 가질 수 있다.

해외 연수를 갈 때 3개월은 현지에 적응하는 능력을 길러주는 기간이다. 제대로 배우기 전에 필요한 준비 기간인 이 과정을 제대로 넘겨야 중도에 포기하지 않는다. 수영, 태권도, 피아노, 미술, 헬스 등 예체능을 공부 할 때도 처음 3개월은 새로 배우는 과목과 친해지는 과정이다.

3개월을 무사히 지내고 6개월째가 되면 의사소통이 시작된다. 매일 업무 지시를 받지 않아도 스스로 할 일을 찾아 나설 때다. 순발력을 발휘하여 업무에 대응해야 한다. 이 시기에는 수습 시절과는 다른 대우를 받는다. 하나의 업무 담당자로서 질타를 받을 수도 있다. 이전에는 남의 도움을 받던 업무를 밤을 새우더라도 담당자로서 완수해야 한다. 또한 동료와 비교되고 평가를 받는다. 정식으로 인사고과가 평가되며 성과에 따라 A 또는 C라는 점수를 받는다.

해외 연수의 경우 현지에 어느 정도 적응되어 자신감이 생기는 시기다. 잘 들리지 않던 현지어가 조금씩 들리기 시작한다. 대응 속도가 빨라지고 의사소통이 제대로 이루어진다. 수영, 태권도, 피아노, 미술, 헬스 등 예체능 계열에서는 적응 기간이 끝난 상태다. 이제 자신감이 생기는 단계로 넘어간다.

6개월이 지나 1년이 되면 주어진 업무를 정확히 수행하게 된다. 이때는 자신이 가지고 있는 능력을 충분히 발휘할 수 있다. 또한 이때는 업무 능력이 가장 빠르게 향상되는 시기다. 스스로 업무를 찾으며 수동적인 태도에서 능동적인 태도로 변한다. 업무 담당자, 책임자로서의 위치를 누리며 자신의 자리를 잡는다. 업무 평가가 이루어지고 1년차뿐만 아니라 2, 3년차들과도 대등하게 경쟁한다. 마치 바둑 경기에서 1단과 9단이 대등하게 경기하듯 아마추어의 장을 떠나 프로의 장에 입문하는 시기다.

해외 연수의 경우 현지어를 정확하게 구사하는 시기이다. 현지인과 충분히 의사소통을 하며 어느 정도 전문용어를 구사한다. 1년을 미친 듯이 공부한 사람이라면 현지인이 혀를 내두를 정도의 위치에 오르며, 이후에는 일취월장이란 단어가 실감나는 시기가 된다. 예체능도 1년 동안 학습했으면 어떤 과목이든지 자신감이 생기는 것을 넘어 스스로 학습 및 훈련할 수 있는 수준에 오른다.

어떤 분야든 대부분의 학습 기간이 1년 단위로 정해져 있는 것이 1년의 기간은 춘하추동으로 한 해가 완성되듯 하나의 과정이 완결되는 시기, 최적의 시간이기 때문이다. 그렇기에 1년간 학습하기로 결정했다면 중도에 포기하지 말아야 한다. 3개월 하다가 포기하고 다시 시작하기를 반복해서 1년을 보낸다고 생각해보라. 누군가는 실제 이렇게 보낸 사람도 있을 것이다. 그 사람은 언제나 초급,

시작의 단계에 머물 뿐이다.

목표로 하는 것이 입사, 자격증 취득, 승진, 사업 확장, 시장 확보, 취미 활동 등 그 무엇이든 1년 동안은 미친 듯이 공부하라. 3개월 수습 기간과 6개월 적응 기간을 지나 1년이 되면 완성된다는 것을 명심하라. 중도에 포기하지 말고 1년간 미쳐보라. 마지막에는 그 결실을 풍성히 거두어들일 것이다.

> **CRAZY.** 1년이란 시간 동안 사회에서 바라는 게 있다.

| 1년은 인정받는 기간이다

1년을 더 공부하면 그만큼 더 잘할까? 그만큼 더 잘한다면 대입에서 재수하는 사람들이 훨씬 유리할 것이다. 현실은 그렇지 않다. 대체로 처음 도전하는 사람들이 더 많이 합격선을 통과한다. 직장인의 승진도 마찬가지이다. 제때 승진하지 못하고 1년이 경과되면 오히려 승진에 불리해진다. 1년을 완결의 기간으로 보지 않는 사람은 사회에서 뒤떨어지게 되어 있다.

1년보다 시간을 더 갖는다고 성공하는 게 아니다. 성공은 똑같이 주어지고 평가받을 1년을 어떻게 보내느냐에 따라 결정된다. 1년이란 기간에 최선을 다해 100퍼센트 성과를 보일 때 100점이 주어진다. 올해 50점을 받고 내년에 50점을 받는다고 100점이 주어질까? 그저 50점을 받은 2년이 있을 뿐이다. 1년 중 반만 학교를 다니며 2년을 다닌다고 다음 학년으로 올라갈 수 있을까? 아마도 두 번 낙제할 것이다. 1년을 제대로 공부해서 수료해야 다음 학년이 된다. 10년을 꼬박 다녀도 수료하지 못하면 그 사람은 10년 동안 1학년일 뿐이다. 오랫동안 자리를 지키고 있다고 자랑할 것이 아니다. 자리를 지키고 있는 시간의 질을 따져봐야 한다.

생산 공장에서는 공정의 흐름을 스톱워치로 체크하기도 한다. 로스 타임을 줄이려는 것이다. 자신이 제대로 공부하고 있는지 알아보려고 지금까지 공부한 시간을 스톱워치로 재보기도 한다. 마치 농구 게임에서 순수한 플레이 시간만을 경기 시간으로 인정하고 다른 시간은 제외하듯이 공부 시간을 결산해보는 것이다. 공부와 관계없는 것에 얼마나 많은 시간을 낭비하고 있는지 확인할 수 있다.

똑같은 시간을 일한다면 1년이란 기간의 의미를 알고 1년 후에 자신이 도달할 곳을 정확히 생각하면서 전력투구할 때 그 결실을 얻을 수 있다. 윗사람이 시키는 대로, 평소 습관대로, 때가 되면 될 것이라는 막연한 기대로 1년을 보내는 사람과 비교해보면 그 결과가 확연히 다르다. 아무리 공을 빨리 던지더라도 스트라이크 존을 통과하지 않는다면 그 공은 볼일 뿐이다. 스트라이크 존을 통과할 때 심판이 스트라이크라고 큰소리로 판정해줘야 한다.

1년은 지나고 보면 짧은 시간이다. 마치 스쳐간 바람과 같다. 그러나 기다리는 사람에게는 긴 시간이다. 어쩌면 지금 출발선에 서 있는 사람에게는 끝이 보이지 않는 긴 시간일 수도 있다. 이런 것을 극복하려고 총명한 사람들은 1년을 6개월, 3개월, 1개월로 나누어 '작은 승리'를 이끌어낸다. 1년이란 기간을 세분하여 세분한 그 기간에 집중 투자함으로써 1년이란 세월 동안 지치지 않고 전력투구할 수 있는 것이다.

현재가 충실할 때 미래도 충실해진다. 또 다른 1년, 내년이 기다리고 있다고 생각하며 현실의 1년이라는 시간을 대충 보내지 마라. 어차피 사회적 평가는 이번 해에 받는다. 대충 보낸 시간이 당신을 모자란 인간, 가망성 없는 인간, 제 밥그릇도 챙기지 못하는 인간, 별 볼일 없는 인간으로 추락시킨다. 이런 평가를 받기 싫다면 현재에 충실하라. 그럴 때 또 다른 충실한 한 해를 맞이할 수 있다.

공장에서 제조 공정을 담당하고 있는 A 과장. 과장 중에 최고참인 그는 자신이 부장 승진 1순위라고 믿고 있었다. 하지만 그의 믿음은 부서졌다. 승진 대상자 명단에 그의 이름이 없었던 것이다. 그는 사직서를 가슴에 품고 담당 임원을 찾아갔다. 부서에서 담당 임원과 가장 오래 근무한 최고참인데 어떻게 자신을 승진 대상에서 제외할 수 있는지를 따졌다.

가만히 그의 항변을 듣고 난 임원은 "알았습니다"라는 한마디로

면담을 끝냈다. 다음 해를 기다리라는 의미였다. 그 말을 들은 A 과장은 임원의 답변에 성의가 없다고 생각하고 며칠을 고민하다 사직서를 제출했다.

이 사례처럼 성공이란 오랜 시간을 버틴다고 이루어지는 것이 아니다. 한 해 한 해를 어떻게 보내느냐에 따라 결정되는 것이다. 1학년을 제대로 공부해서 수료해야 2학년이 되듯 주어진 기간 동안 최선을 다하고 성과를 보여야 한다.

1년이란 기간은 학생이나, 직장인이나, 기업인이나, 정치인이나, 장사꾼이나 너나 할 것 없이 최선을 다하며 그 결과를 인정받는 절정의 기간이다. 1년이라는 세월은 덤벙덤벙 넘어가도 되는 시간이 아니다. 포기해도 되는 시간은 더더욱 아니다. 1년은 인생을 바꿀 수 있는 가장 기본적인 시간이며 동시에 절정의 시간이다.

1년은 제도권의 진입 기준이다

입시나 각종 국가고시는 대부분 1년에 한 번꼴로 각각 비슷한 시기에 시행된다. 공지된 시기를 놓치면 그 해는 시험을 치를 수 없다. 시험에 응시했어도 합격하지 못하면 또 1년을 기다려야 한다.

기업체의 정기 사원 모집도 대부분 학생들의 졸업 시즌에 맞춰

1년에 한 번꼴로 이루어지고, 승진 기회도 대체로 1년에 한 번 정도 찾아온다. 이때 기회를 잡지 못하면 또 다른 한 해를 기다려야 한다. 이뿐만이 아니다. 각종 거래에서 하는 계약도 1년 단위로 체결되는 경우가 많다. 이와 같은 제도는 조직에서 필요에 따라 정하는 것이기에 개인이 바꾸기 힘들다. 입장에 따라 그 기간이 길거나 짧기도 하겠지만 예측이 가능하다는 점에서는 받아들일 만한 제도다.

이런 제도가 싫어 속세를 떠나 산속에서 혼자 산다면 어떨까? 사람들과 인연을 끊고 교류하지 않는다면 이런 제도가 소용없다. 그러나 혼자 살아도 달력은 본다. 1년에 한 번씩 맞이하는 생일, 기일에 신경 쓸 것이고 자신의 나이도 계산해볼 것이다. 그렇기에 사회인으로서 살고 있다면 사회에서 통용되는 제도는 받아들여야 한다.

고대 그리스 철학자 아리스토텔레스는 "인간은 사회적 동물이다"라고 했다. 인간은 타인과의 관계 속에 존재하며 혼자서는 살 수 없다는 말이다. 우리가 생활하고 있는 사회는 함께 살아가기 위해 제도를 만들고 지키기를 강요한다. 제도는 행동을 제한하는 역할을 하지만 한편으로는 제도 덕분에 오히려 자유롭고 평화롭다. 제한이 없는 자유는 자유가 아니듯이 말이다.

우리가 이 사회의 일원으로서 함께 살기를 원하고 이 사회에서 성공하기를 원한다면 이 사회가 원하는 제도를 수용하고, 그것을 적극 활용하는 것이 현명한 사람의 자세다. 예약된 기차를 타려면 제 시간에 그 기차가 출발하는 역에서 기다려야 한다. 기차는 손님의 승차 여부를 따지지 않고 정해진 장소에서 제 시간에 출발한다. 지정된 역에 가지 않으면 그 기차를 탈 수 없다. 지정된 역이라도 제 시간에 도착하지 않으면 역시 기차를 탈 수 없다. 이미 출발한 기차를 향해 아무리 손을 흔들어도 세워주지 않는다. 다음 기차를 기다리든지, 다른 교통편을 이용할 수밖에 없다.

국가나 단체에서 자격 요건과 일정을 정해놓은 것은 나름대로 이유가 있다. 그것을 몰랐다고 항변해도 알아주지 않는다. 필요에 따라 원칙을 정하는 것은 사회적인 약속이기 때문이다. 이런 제도를 제대로 알고 활용하는 사람만이 세상을 여유롭게 살아갈 수 있다.

12월 31일과 1월 1일은 단 하루 차이이다. 그러나 사람들은 이 하루를 일상의 하루와 다르게 느낀다. 하루의 차이에 지금껏 사용하던 달력을 버리고 새로운 달력을 사용한다. 지나간 세대는 사라지고 새로운 세대가 나타난다. 20대 청년은 30대가 되고, 40대는 사십대 중년이 된다. 단 하루의 경계가 한 살의 차이를 낳고, 단 하루의 차이로 인간관계가 바뀐다.

1년이라는 제도적인 기준은 우리 사회에만 적용되는 것이 아니다. 동양이나 서양, 선진국이나 후진국 등 전 세계적으로 통용되는 기간이다. 동일한 달력을 사용하기에 제 날짜에 비행기가 하늘을 날고, 화물선이 부두에 정박할 수 있다. 아리스토텔레스의 말대로 인간은 사회적인 동물이다. 그렇다면 전 세계적으로 통용되는 1년 이란 학습 기간을 제대로 활용해야 할 것이다.

이제 1년이 왜 중요한지도 알았으니, 1년간 한 번 미쳐보자.

CRAZY. 1년만 제대로 미치면 사회가 알아준다.

CRAZY하게 1년을 보내라

우리는 지금까지 생각보다 많은 것을 해냈다. 동기를 창조하려고 공부가 즐거움임을 깨닫고, 일부러 부족함을 느끼기도 했으며, 가족까지 생각했다(1장). 동기를 만들어낸 다음에는 내 역할을 인식하기 시작했다. 내가 무엇을 할 수 있는지, 또 무엇을 잘하는지 생각해서 무엇을 공부해야 할지도 파악했다. 사회에서 나에게 무엇을 원하는지도 생각해서 정말 필요한 공부가 무엇인지를 인식했다. 그래서 무엇을 하면 될지 사명서를 썼다(2장).

그 정도에서 그치지 않았다. 실제로 우리는 공부를 했다. 우리가 하는 일 자체에 몰입을 했으며, 공부할 수 있는 나만의 시간과 환경을 만들었다. 공부하기 위해 우리는 제대로 먹고 자는 습관을 들였다. 마치 군인이 전투에 나가기 전에 훈련을 하듯이 말이다(3장). 공부를 하다가 잠시 휴식을 취하며 내가 왜 공부를 하고 있는지 고민해보는 과정도 잊지 않았다.

공부하는 마음이 흔들리려 할 때는 그동안 써둔 공부 일기를 보며 마음을 다잡고 긍정적인 생각을 잊지 않았다. 군인이 영점을 잡듯이 그렇게 마음을 다잡았다(4장). 이 모든 과정은 1년이라는 세월이 흐른 후에 오늘의 나와는 다른 사람이 있을 것이란 것을 알기 때문에 해낸 것이다. 1년 후에는 오늘과는 다른 내가 있을 것이라는 마음을 잊어본 적이 없다.

사회에서 1년은 새로운 문이 열리는 기간이다. 1년마다 학생들은 새로운 학년으로 올라가고, 진급 심사가 시작되며, 신춘문예가 열린다. 새로운 기회가 1년마다 찾아온다. 그 사실을 알기에 우리는 노력했고, 또 새로운 '나', 발전한 '나'가 되었다(5장). 잘했다. 드디어 우리는 해낸 것이다.

이제 그동안 미친 것에 대한 열매를 따먹으면 된다. 혹은 아직 미치지 못했더라도 상관없다. 위에 말한 사실을 이해하고 있다면, 이제 충분히 미칠 준비가 된 것이기 때문이다.

무엇보다 중요한 것 한 가지만 더 말하면, 이 모든 것을 이루려면 마음속에 '성공을 향한 불타는 욕구'를 가지고 있어야 한다는 것이다.

나폴레온 힐(Napoleon Hill)은 잡지사 기자로 일하다가 당시 최고의 부자인 앤드류 카네기를 만날 기회를 잡았다. 앤드류 카네기는 성공한 사람 507명의 명단을 주며 이들을 인터뷰해서 성공의 비법을 알아볼 생각이 없느냐고 물었다. 나폴레온 힐은 그 자리에서 승낙했다. 최고의 부자인 앤드류 카네기에게 어떤 대가도 바라지 않고 그 일을 맡았다.

그들과 인터뷰를 한 후 출간한 서적 《놓치고 싶지 않은 나의 꿈, 나의 인생》은 지금까지 5000만 부가 넘게 팔렸고, 아직도 성공학의 명저로 평가받고 있다.

이 책에서 나폴레온 힐은 성공한 사람들의 공통점을 '성공을 향한 불타는 욕구'라고 정의했다. 절대 성공에 대한 욕구를 놓지 말고 자신을 믿음으로써 자기실현적 예언을 하라. 그것이 전부이며 그것이 당신을 공부하게 할 것이다.

그 밖에 이 책에서 중요하다고 생각하는 부분은 'CRAZY'라는 팁에 중간중간 요점 정리를 했다. 팁을 쭉 살펴보는 것만으로도 큰 도움이 될 것이다.

뉴턴은 "내가 만약 다른 이들보다 더 멀리 볼 수 있었다면 그것은 바로 거인들의 어깨에 올라섰기 때문이다"라고 말했다. 나도 마찬가지다. 내 지식과 생각도 이전의 거인이 없었다면 이루어지기 어려웠을 것이다. 그런 의미에서 도움이나 참고가 된 책은 이 책을 쓰며 최대한 밝히려고 했다. 독자 여러분들도 여기서 밝힌 책들로부터 나와 마찬가지로 도움을 받았으면 한다.

2017년 1월

강상구